孔秋泉祥銘博士著

讀畫記

文史哲出版社印行

讀畫記 目錄

上篇　讀畫記

下篇　藝術創造、美化人生與公共政策
——文化政策理論的探討

上篇　讀畫記

一、大千先生藝術心智探微

千僖翌年歲次辛巳初夏，余養痾東京，閑居無事，日惟詩畫以消愁；因平時一心嚮往大千先生（文中稱爰翁）藝術風格，故乘時就精力所及，專志研幾其格局、氣韻、神致、思欲進入其藝術化境，探索一代大家之心智所自，凡有所感，悉記之於此，幸希海內外大雅之士有以教之。

中國文人畫始于王維，摩詰晚年隱居輞川，吟詩繪畫，意殊飄逸，在詩情畫意之間流露自然之美，引人入勝，令讀者幾欲與之俱馳而高飛，此即所謂藝術之化境，而境隨心造，心動則意揚，造形之後意猶未盡，于是吟詠賦唱以適其情，故詩畫聯采，乃成爲文人畫之特質，而此特質之妙在于美術與文學之同氣合致方能達到珠聯璧合之功，故文人畫在過去千餘年間迅速發展，自成一流，其理自明。

現代畫家楚戈認爲中國文人畫早熟，可謂的論（註一）。

北宋畫家范寬師事李成，造詣出眾，但范猶以爲不足，嘗自嘆說：「與其師于人，未若師之物，與其師之物，未若師之于心」（註二）。可見宋代畫家，不論其流派何屬，皆有自我解放，力求創新，隨心造形，賦詩寄情之意欲。當時流行所謂潑墨畫法或減筆畫法，即表示畫人之自由精神與創新的趨勢，如南宋梁楷之潑墨仙人圖，即其一例。

但文人畫與潑墨畫二者之間雖其創新的意欲相同，而一則早熟，一則原地踏步，其間理由另待研究。人問大千先生晚年的潑墨，與九百年前的梁楷有關係否？此節亦待另文補述。

蓋大千先生之藝術，非一言可盡，早年師事名家曾熙及李瑞清學習書法，故其筆墨饒有古風，即展現了他的藝術才華。曾喜石濤、李喜八大，對大千先生的後來畫事頗有影響。青年大千偕仲兄善孖卜居松江，與上海藝文界相往返，大千先生當時即以詩、書、畫三傑稱譽滬上，嶄露頭角。

一九四〇年大千先生赴敦煌禮佛，因善孖病逝，倉促返渝。翌年，大千先生再度赴敦煌臨摹壁畫，日以繼夜，專心壹志工作了二年又七個月，對于他未來的畫風自然影響深遠，而其豐富的成果轟動全球。吾人皆知敦煌石窟乃舉世聞名的藝術殿堂，文化寶庫，上溯北魏、西夏，下迄明清，中經隋唐、五代、宋、元，各朝名家大師無不留下其精心傑作，或以雕塑，或以壁畫，而以後者爲多，以是千餘年間，壁畫層層厚積，令人嘆爲觀止，但無人敢於驚動此一歷史寶庫，而大千先生得天獨厚，竟敢一層一層的精心臨摹，又一層一層的揭開歷史面紗，探索上一代的壁畫眞蹟，而加以精心臨摹，全部作品達二百七十六幅，堂堂偉構，轟動全球。二年後，抗戰勝利，敦煌壁畫的臨摹專集遂成應時的最佳禮物。而此一長時期的臨摹經歷，使他的藝術心靈不斷與歷代名家大師心靈交會，而產生一種靈動感，使他驚喜若狂，于是藝事大進。之後，他研究石濤、漸江、石谿、八大山人等大家作品，深信藝術心靈千載相通，此在先生題款中亦時有提及。

由此以觀，可知爰翁大千先生之作品接受傳統之影響至深，但其意境高邁，格局雄偉，筆墨瀟灑而流暢，在在彰顯其時代新風，洋洋乎饒有山川靈秀之氣。余曾賦詩詠其所作之天女圖如次：

修曼莊嚴天女相，絜靜精微妙入神；
眞有敦煌靈飛力，千載一脈通道心；
爰翁得之喜若狂，萬古同流山河魂；
放懷縱觀天人際，墨韻閃閃發詩情。

詩中有「千載一脈通道心」及「萬古同流山河魂」二句，皆意味爰翁創作精神之淵源，故其作品非同凡響，誠令後世享受無窮。

所謂萬世乃指偉大的文化精神，同流則指大千先生之慷慨好義、與人爲善、寬容大度的君子之風。故能與世同流，激濁揚清。

所謂山河魂，則意涵較廣。山河鍾靈秀，灼灼發晶英，我國疆土遼闊，崇山峻嶺長江大河，無一不風景旖旎，令人陶醉，歷代高人彥哲，文采風流之士均證知環境賦與人類之影響力。大千先生出生于四川，家計富裕，自幼即以愛好田園景物聞，其後周游各地，凡南北名勝，黃山、廬山、華山、峨嵋，甚至邊疆大漠，天山高峰，無一不暢覽盡致舉步攀登。此種行萬里路之經驗，顯已見于其重要作品中。而嶺上白雲，連峰積翠，林壑幽泉，涓涓暢流，煙也霧也，皆饒詩情畫意。是以爰翁之成就，決非偶然的倖致，而藝術家爰翁大千先生亦可謂中華文化體系中自然產生之麟兒。

二、中國第一張現代潑墨畫

——「喬木芳暉」之歷史性、國際性的意義

喬木芳暉頌

天地有大美，
造物蘊奧義，
爰翁創潑墨，
能解神妙末，
寧靜游至樂，
一點通靈犀。

是圖爰翁潑墨法之初聲也，翁自云轉換手法，果然耳目一新，爰賦詩誌感焉。

辛巳春暮　泉題于東京

喬木芳暉

爰翁作此圖時與前此數圖皆成于庚申年嘉平月，即六十九年爰翁八十二歲之作品也。其心境似乎更趨明朗、清逸。題款于圖之眉端，直書「喬木芳暉」四字，且自書「此幀又與往日別出手眼也」。其畫風一變而爲潑墨，頗饒抽象派之韻味，而詩情盎然，靈性飛揚，似又勝於後者。

以是爰翁與畢卡索會晤之後，對兩人的藝術觀念是否發生影響，尚待探索，但西方抽象畫在其爾後的作品中，時現東方風味，且有用墨爲主色者，可以推知東西方的藝術心智亦時相交會的。

爰公在完成了潑墨的創新之後，内外交譽，認爲此乃當代藝文界的一大貢獻。而此時，八十餘歲的爰翁，卻饒有特別濃厚的創作意欲，而且筆墨之間更加顯得豪邁流暢，意境飄逸，引人入勝，有的觀者甚至感覺到一種青春氣息，而爲之神往。雖然體弱多病，經常出入病院，但一到自宅，第一件事就是趕往畫室，執起彩筆，埋頭創作，幾乎廢寢忘食，樂以忘憂，年至八四還創作巨幅廬山圖，其過程即在病院→畫室→病院→畫室之間完成，聞之令人感泣（註三）！偉者爰翁大千先生，您是人類永恆的大師。

辛巳春暮　秋泉題于東京

三、豪情萬丈的潑墨荷花

——畫仙頓悟狀態下的靈飛之筆

露濕波澄夜未遙，
冰肌怯暑未全消，
空明水殿冷冷月，
翠扇殷勤手自搖。

原圖乃爰翁八十四歲之作品，款亦自撰，讀之頗饒舒暢輕快清淨頓悟之感，其筆墨之蒼勁奔放，洋洋乎有青春風華躍然紙上，誠神品也。

秋泉仿大千先生筆意並記

墨荷　（仿大千筆意）　石林道人寫

四、八十老翁的青春風華

——大千先生晚年發揮創性以象徵技法作畫

參考爰翁晚年之同類作品有「君子之風其清若藕」者，可知其意涵仍在天人相與，亦即愛蓮說所言者，然細察其藝術思想則極富現代思潮，余乃代作新詩一首如次：「大地啊，親愛的母親，我的生命之殿堂，愛的源泉。當我航行于波濤洶湧的海洋時，祇有神和你才是我的眞實的支撐。」

質言之，荷花象徵乳房，豐滿、溫馨、美麗，母親的乳房，這是慈愛的象徵，永恆的尊嚴，天地至美之象徵。爰翁晚年繼潑墨之後，又創造了藝術的象徵技法以傳達心靈深處的感情，一種不易用文字、語言可以充分表達內心感覺的媒介。此一創新可謂與潑墨同功。

掌握了此一象徵法之後，我們發現爰翁晚年的荷花特別富有春暉無限之感，余賦詩云：「修曼莊嚴天人相，絜靜精微妙入神」，正可描述個人的一點理解。

余對此亦曾賦詩誌感。詩云：

清蓮詠

妙相莊嚴雲中仙
出水蓮蓬盡嬌艷
殘荷落落似錦衛
清香飄飄滿人間

辛巳年七月二十四日于東京松風堂

五、論繪畫的空間感

(一)張大千大師的藝術空間感

大千先生的作品畫面或疏或密皆能適其所適，樂得自然之妙，由下面二幅，可以見之。

看松圖寫意

原題看松圖，並引杜甫詩句「步壑風吹面，看松露滴身」而寫其意。爰翁時方六十以「秋海棠」一畫，受紐約「國際藝術學會」選為世界偉大畫家。次年，受法國邀請，參加巴黎博物館新成立之「永久性中國畫展覽」，聲名揚于四海。余細觀此圖筆墨簡淨、清雅、而高潔溫馨，洋洋乎有天機存焉；所謂靈飛之感亦即空間感之擴大，予人以無限遐思。

爰翁作看竹圖時與前記之看松圖同歲，觀乎二者之風格，似有少異，前者疏，多空間感，後者密，密到竹林可以擁抱人間，而人竹之間幾可肌膚相親、使觀者有樂在其中，物我相忘之感受，此即中國天人合一論之化境，本圖似即一例。

爰翁自題云：「修竹林間負手行，綠雲惻惻嫩寒輕，不通名姓聊乘興，自愛王猷略俗情。」

爰翁之作或疏或密，均有其哲學上之修養功夫爲之助，而如何使天人之際，物我之間適其所適，相互歡聚，則純出作者一心，所謂靈飛之功，心靈之作，殆指此焉。名作之所以不同凡響者，豈止方楮之間而已哉。余曾賦詩兩首誌感，詩曰：

子猷看竹圖寫意

風竹之歌　其一

修竹林中滴清露

涼風如水香滿襟
萬葉婆娑似碧海
獨步行吟樂天命

秋泉作　辛巳年七月孟夏之晨

大千先生的藝術心智（子猷看竹）

看竹圖（風竹之歌　其二）

青山斜對湖上路
蒼翠環抱竹林居
嵐光照水演化境
綠影深處讀我書

秋泉作　辛巳年七月二十四日松風堂東京

(二)黃君璧大師的藝術思維

君翁先生可能是我國歷史上最長壽的藝術家之一，在其將近一世紀的生涯中創作了數以千計的作品，其變遷之劇、之廣、之深，亦前所未見，而君翁先生親歷其境，有的尚能親與其事，對一位藝術家而言，無寧是上帝的一項特典。

君翁先生自童年即受家學薰染，游心於丹青，直到他心臟停止跳動之那一刻，可以說他一直生活在翰墨之中，寢食於斯，夢寐於斯，繪畫成了他生命的全部意義。而他的一支畫筆也化爲他身體器官的另一組功能性組織。

這樣長壽、健康、專精，而又極其幸運的畫人，在我國歷史上也是少見的一人，他的藝術，宜廣受激賞與珍藏。他的創作由少年的臨摩以至中年的成熟，前後鍛鍊了三十餘年而後遂爐火純青。及五十以後，技法由成熟而飛揚，開創新風，斐然成章。此時他能站在董、巨、荊、關、石谿、石濤之肩，展望前人未鑿之境，感到中國畫還有一大片空間可資後之來者去開拓、耕耘。

七十以後，他已經是國師（曾爲　蔣夫人宋美齡女士講授國畫）、當代三大家之一，其足跡遍及全球，數訪世界三大瀑布，並赴非洲自然博物園，隔著保護窗，面對曠野虎獅從容寫生。

君翁先生的繪畫經驗及其所得機會恐非前賢所能想像，而其成就也開世界之新風。何以言之？本文擬就若干畫理問題提出探討。

第一是水與山的原理。山靜水動，而且水流有聲，怒濤駭浪，更是驚心動魄。換句話說，水的動感及其音樂性被帶入靜態的山色之後，引起畫學上的許多問題，故歷代畫論，莫不以畫水爲最難的課題，但前修先賢一直難以交出滿意的繪卷。中國畫中不乏擅長透視的作者，所謂石有三面，山有明暗，花果樹木各有左右前後之姿，但所處理亦僅屬於所謂三度空間的事物，而未嘗深究水之有聲牽涉到視覺系統以外的聽覺效果，因聲之爲物，不僅爲音波，而且有節奏，即音波在時間體系中所通過的速度及其前後排比產生的效果。是故所謂「水流有聲」云者不僅是動態的表現問題，亦且爲音樂性的問題，而更是繪畫的四度空間的原理處理問題。因音樂須在時間體系中去感知。

君翁先生晚年的巨構——大瀑布，是值得後人研究的一個大題目。何浩天先生主持歷史博物館時，曾和我談到一個計畫，他想爲君翁先生的瀑布特別設置一組背景音樂，以增添觀者的臨場感覺，當時我不知如何回答。現在想想，何先生的思維，應該是很有啓發性的。而君翁的瀑布也可能是對後人的試題。這個試題說些什麼？如何回答？讓我先談談自己的想法。

當我第一次看到君翁先生的大瀑布時，坦白說，我被呆住了，慢慢地感覺體內有一股熱氣冉冉而昇，然後，我感覺怠倦，因呼吸開始急促，目力容納不了那麼大的景觀，胸口感覺有股壓力，因爲面對千軍萬馬似的飛瀑，迎面撲來，而不知如何是好。最後我只得坐下來喝茶，那時才意識到我身在此。

後來讀到莊子天運篇至「帝張咸池之樂于洞庭之野，吾始聞也懼，復聞之怠，卒聞之而感，蕩蕩默默，乃不自得」，「樂也者，始於懼，懼故祟，吾又次之以怠，怠故遁，卒之於惑，惑故愚，愚故道，道可載而與之俱也」，才恍然前人也有過這樣的經驗，這也許就是人們對藝術欣賞的陶醉之境吧。

依照莊子的說法，藝術欣賞的感受力，可能因個人資質與生活經驗不同而有差異，但其過程必始於驚懼、憂患以至欲遁而鬆弛，終于迷惑而無知無識。此階段他稱之曰「愚」，實在是一「出神」狀態。愚了之後才能入道，故學者必至於出神，而後始可與言道。

君翁先生的大瀑布是否替我們鋪上了言道、入道之門呢？也許是，也許否，謹候高明的指教。但就我個人的感受來說，我認為君翁先生的未盡之言是說：

「我就是大瀑布，大瀑布就是我！」

然後是我的回響：「大瀑布先生，你的量眞大，我能容納得了嗎？你的力也眞大，我能承受得了嗎？」

思之，思之，誠有不知身處何世之感。我想這就是君翁先生交給我們的第一道命題。這裏面包含兩層意義，一是畫家自身的修養，一是觀者自家的功夫，必須「天大、地大、人亦大」，然後人才能與天地相契合，物我兩忘，陶然自得。

第二是東與西的超越。看過君翁先生的大瀑布，再回頭去看他以前的作品，可以悟識到「大人不失其赤子之心」的道理，其早期作品與常人一樣的有挫折，有得意，有浪漫的癡情，有天眞的幻想，有男女之欲……，但他最忠實與藝術，故能化紅塵爲仙境，又從仙境轉入俗世。每一張畫都是辛苦經營出來的一個化境，一種內心世界的景觀，如果我們自己不能攀登高峰，如何能欣賞他那極峰的勝景？誠就他晚年的山水來說，有的看似油畫，因有油畫之厚重，層層疊疊綿延無窮，而層次轉換之灑脫，又是那麼輕鬆飄逸，有油畫之厚，而兼具水彩之清新朗麗。西方自新印象主義登峰造極之後，畫風時而抽象，時而寫實，時而超現實，時而後現代，轉換不定，徘徊躊躇，足以想像到他們的苦悶，認爲西方畫學思想已經到了界限。而東方呢？我們的畫人也同樣地徘徊於傳統與現代之間，跳不出畫框。君翁先生對于這個現象，也有話説。

試看他晚年的山水，幾乎甚少留白，常使評者不解。本來，畫理所謂「密中有疏，疏中有密」是一條定理，何以君翁先生到了晚年卻離此常徑而不由。這裏他所提出的命題也包含兩部份意義，一是畫作本身所蘊含的語意，一是畫作以外所暗示的象徵性的隱喻。沒有餘白或少留餘白的山水，層層密密的展現了煙林雲山，確是引人「入勝」，但是「入勝」之後，你是否也曾想過「出勝」的可能性？即在畫框以外去尋求「山外有山，天外有天」，無窮無盡的彼岸，我想君翁先生的許多作品，雖然滿紙墨瀋，其意卻在卷帙之外。

綜而言之，君翁先生藝術成就應從新的角度去考察，才能獲得更合理的詮釋，他對後代的貢獻，如繪畫的四度空間之可能；國畫之超越東西界限之可能；畫家和鑑賞者物我兩忘的可能；「反定理未必反傳統」的肯定；國畫無限發展的可能；這些都是君翁先生之畫所傳達給後人的命題。所見如此，希望大雅教之。

（選自黃君璧紀念集台北白雲堂）　一九九四年四月二十日

附圖兩頁係採自一九六九年君翁先生畫集。其時先生方七十有二，應邀遠遊非洲及巴西作實地觀瀑及獅子寫生之行，返國後首在省立博物館展出其作品，先生自序有云：

「平生作畫，偏愛山水，草木幽林，嫌其寂靜，行雲流瀑，始覺奔馳，耽其景而狀其形，主其動而賓其靜，比年作品，多取白雲飛瀑爲題，悉是故耳。

今春南非之行，心儀維多利亞大瀑布之勝，跋涉登臨，親歷其境，復轉道南美，參觀巴西衣瓜索瀑布，隨又重遊美國，再履尼瓜拉，世界三大名瀑一一寓目，但見白練飛流，長虹萬道，氣魄壯闊勝景難忘，心凝神馳，即景寫生，筆墨雖無可觀，景緻難得奇偉。

旅南非之日，曾遊動物園，珍禽異獸，固屬罕見，獅子雄姿，尤增興趣，徘徊數日，對態描形，坐臥俯仰，醒睡慵兇，各得若干，余於獸類，本少繪寫，知非所長故也，今合瀑布之作，得數十幀，玆應省立博物館之邀，遂作紀遊展出，作品當以瀑布寫生爲主，以獅圖爲附，紀遊筆墨，亦人生過程印象，非敢以此自炫，只藉就教于同道耳。」

此段引文對後世學者殊有歷史價值。同時值得強調的是在展出當時的觀眾，對君翁創作的熱愛、歡騰、讚美、興奮之情。這與藝術家本身的心情，正好構成一片喜悅之海，促使藝術家與觀眾之間產生一種心理上、感情上、認知上的交流、互動的關係，故有學者認爲觀眾的欣賞，也是一種創造，可謂高明之論。此種交流關係成立之後，于是美感之門大開，使彼此都能分享至美之樂。

南非維多利亞瀑布之四

黃君璧紀念集翻攝

獅子之四

黃君璧紀念集翻攝

將時間融入空間而呈現出流動之美、音韻之節奏感，使畫面躍然而起，欲與人間共與語，莊子所謂「得乎至美而遊乎至樂」之化境，恍然如在目前，並請參閱下文。

㈢吳隆榮大家的藝術創新

吳隆榮君以其天生的卓越秉賦和數十年來一貫不斷的努力，創作出優美絕倫的作品，開闢了新的精神領域，與世人共享至美之樂，余應首表敬佩與喜悅並祝賀其成功。

因爲長期間余亦一直觀賞吳君作品，讀其畫聞其言，深知其每一張作品都經過深思熟慮，千錘百鍊，而一旦下筆則縱橫揮灑靈性風發，似有神助，故其成就，絕非偶然。

觀畫而吟味其意象，則感詩情洋溢，叩動心弦，而開啓自己的心靈之窗與之相接，然後乃發現一種精神上的契合，可能這就是美之韻律所引致。吳君作品之所以有此律動感，乃是因爲他呈現給我們前面的，像是一座豐美的樂園，使我們喜出望外，有時會心微笑，有時逸與遄飛，神與俱馳。試舉其作品「清蓮」爲例說明之：清蓮出汙泥而不染、高潔、美麗、風雅、亭亭玉立于滿池荷葉之上，飄飄如仙，臨風送香，令人心曠神怡，這是誰都承認的快感，然而吳君卻獨自沉思，似乎意有未盡，因爲想到秋風掃落葉之時，這滿池清蓮必將與衰葉枯木共去，思之豈不悵然？之後，吳君又想到明年花開，春風重渡的時節，以及秋收後肥美的蓮藕和蓮實供人營養，乃知清蓮的生命力並未消失，亦未衰退，只是轉型，或轉化而已。以是吳君的清蓮都是以滿懷希望，精神抖擻的英俊少年和美女。

第二個例子是天鵝圖。美麗、純潔、白色的天鵝，自由飛翔在天際，時而與白雲爭高，時而與水面親吻，文化象徵生命力的律動原來就像一首樂章。然而，看過歌劇天鵝湖的人，或者讀過童話醜小鴨的人，可能對天鵝的形象留下不同的印影，前者是個悲刻，後者爲喜劇，可見生命之流，會因流程方向不同而有悲歡之別，吳君對此深思良久，同時，他更想到一個流程乃是時間系列上的觀念，如何將時間轉化爲空間系列上的一個位置遂成了他的藝術家思維上的焦點。後來，他發明了塊狀重疊法，將一個平面分割爲若干組塊狀而予以適當安排，其結果竟比普通的立體增加了數倍的空間感，這就是吳大家的作品奧秘。七〇年代，余服務於一國際機構，曾經收藏二張各五百號的巨幅壁畫，都是吳君作品，也就是他的蓮花和天鵝群，當酒會開幕之際，各國使節及當地貴賓眾口之譽，咸謂溢此漢城花香洋之，美盡東亞，誠可謂實至名歸。

藝術家多有慈悲心，而吳君尤甚。他一直考驗前面所提的天鵝湖之悲劇，欲以藝術手法予以詮釋，於是想到佛法無邊的神之啓示對人類之潛移默化之功。

吳君之神像畫表現出來的慈悲、莊嚴、寬容、親和、安祥，特別饒有一種靈感，與神靈同在。

天人合一，原爲中國文化的一個理想，所謂天地與我爲一，萬物與我並生，道家所謂得乎至美而游乎至樂，物我相忘於道術，如魚相忘於江湖都對自然之天，浩浩乎，洋洋乎，無垠、無邊的蒼穹，抱有敬畏，而願與之相通。孟子論人性提到六個字，即信、善、美、大、聖、神，信者，意同眞，美者、充實，大者、充實而有光輝，聖者，大而化之；然後「聖而不可知之之謂神」可見神是一個不可知的領域。但是，抱有宗教熱忱的吳君卻深信這座崇高而神聖的天堂，正是人類新的生命之源，也是藝術家求道之指歸。余亦深信以吳君之藝術思維，必會創出新的精神領域，成爲承先啓後的心靈學派的藝術宗師。

（選自吳隆榮畫集）

六、藝術心智之開發

——大千先生的經驗

爰翁出生于四川富裕的書香之家，與仲兄善孖等過著非常愉快的童年生活。成年之後畢其一生，成功的經驗絕對多于挫折，故其天生的樂觀性格，在其成長過程中愈益彰顯了豪邁、俠義、明朗、開放、親和的性格。人格反映于作品，故其藝術創作亦遂表現了上述特點，雖然同出於傳統式的訓練，但是同樣題目的山水、花卉、人物，卻有不同的風格，爰翁之作浩氣磅礴，有時佐以俚語，間以詼諧，使畫面躍然而起，生動活潑起來。爰翁之有勇氣突破陳腔，顯與其成功經驗所積累的自信、自許有關。

平常的案例，藝術家在享受盛名之餘，立即顯出驕傲、自負、或移志於財貨的態度，這自然會產生不良後果。而爰公一生從無此種傾向，仔細研析其作品，每一幅都無法找出俗氣。他的每一筆都似充滿了青年時代的溫馨、愉悅、開朗、豪放之氣。

爰翁的天生智慧，加上後天的成功經驗，使其一生在快樂中發揮心愛的工作——藝術，這自然是一種幸運。但在事後的客觀分析中，余發現即使幸運爲上帝之恩賜，也有其接受之條件。這些條件，除上述以外，尚有一項是爰翁對時代與社會之洞察力，敏銳的反應力，而且在反應的過程中，他能掌握時代的脈動，脈動之中的主流或核心，即儒家所謂「時中」之義，「時」是與時代偕行，「中」是「執中有權」，即掌握了中心點而權衡之，使一決策過程成爲主客條件俱能滿足的情況，是以其成功機會甚高。爰翁行萬里路，讀萬卷書，故其畫品清高雅逸，飄然如登峨嵋、攀天山、聽松風，觀雲裳之舞，或晤八大、石谿，關仝於一室。

藝術作品完成之後，即成爲社會重要之文化資產，受法律之保護，此在西洋早有成規，我國最近亦完成此項法案而且實施有年，爰翁的作品當然將列爲國家重要文化資產。藝術品業者近來以高價收藏爰翁作品，可知我一般民眾對此道亦漸有認識矣。

辛巳年六月十二日　泉重寫

七、化境：藝術創作之高峰

——論大千先生的藝術哲思

潑墨必須用濃重顏色，較之清淡爲佳；至於意境云者，余以爲潑墨派之思維一仍舊觀，欲達天人合一之境界，故題材依然在山林、漁樵、田園、花木爲主，而避免強烈之對抗、衝突矛盾複雜之表現，此與西畫尤其抽象畫中之野獸派等之以表象現實社會之疏離、苦悶、反逆、浪漫主義等風格者迥然不同。

爰翁創潑墨畫在藝術思想的高峰上，尚有一重要的價值，那就是他以具象的形與色來描述一種非常抽象的東西，許多學者即使用盡文字語言的技巧亦難簡單表達其意涵，故古人有所謂性理之辯，禪思頓悟之道，以及知行合一之說，過去的這些努力，事實上只求一個答案，此即人的心靈與天地爲一，與萬物並生，物我相忘於自然，而達致莊子所謂「得乎至美而游乎至樂」之境。淺言之，這是一個「化境」。它當然必須通過人的想像力來建構，但想像力又須憑藉他所累積的經驗（包括知識、即前人的經驗），通過理性的思考與預感來逐漸形成一個觀念。管子所謂「思之，思之，重又思之，思之而不通，鬼神以通之」。這鬼神二字雖有神秘感，事實上是指一種突然的靈感，吾人姑稱之曰頓悟。

大千先生畢生從事藝術，天性純潔，故其生涯即創作，生命即藝事，況得敦煌靈飛之功，故其作品，自然成章。

爰翁「松石幽居圖」可以用來理解此一神妙的意境，題款云：「松閱世千年者，人是栽松昔日人，滄海揚塵陵谷改，仙家歲月自長春。」這首詩寫出了藝術家的一種創造心智，試圖超越時空的極限，以仙家的長生觀，來象徵一種永恆的價值，吾人稱之曰「美」，曰藝術的化境。

杜甫的「旅夜書懷」詩云：「細草微風岸，危檣獨夜舟，星垂平野闊，月湧

松石幽居圖　（仿大千筆意）　石林道人寫

大江流，名豈文章著，官應老病休，飄飄何所似，天地一沙鷗。」

杜甫寫此詩時，年方五十有三（公元七六五），已經文名遠播，且有詩聖之雅號。但他不得意于政壇，故辭官返鄉。當他夜泊江岸時，看到星垂平野闊，月湧大江流，不自覺地感受到大自然的溫馨，使他沉澱于內心的多年積鬱，逐漸減低，而向浩瀚無際的蒼穹敞開了心扉；于是而生恬靜、怡悅，飄然自得之情，他自問：「飄飄何所似」？又自答：「天地一沙鷗」。由此而變換了自己的認知，創造了自我的形象，從頭鼓起生命的新樂章。

今日我們讀子美詩，似仍能感應到他當時的美感——怡悅、飄逸之情，這便是藝術化境之功能。而讀者能欣賞其美感，分享其喜悅，便表示讀者自己亦富有藝術創造的心智。故化境云者，貴在彼此交流。

天女圖　（仿大千敦煌本筆意）　石林道人寫

喬木芳暉　（仿大千筆意）　石林道人寫

潑墨荷花　（仿大千筆意）　石林道人寫

看竹圖　（仿大千筆意）　石林道人寫

看松圖　（仿大千筆意）　石林道人寫

秋山紅樹　（黃君璧紀念集翻攝）

天鵝戲荷圖 F60　（吳隆榮寫及提供）

石榴圖　（仿大千筆意）　石林道人寫

牡丹圖　（仿大千筆意）　石林道人寫

黃山圖　（仿大千筆意）　石林道人寫

天地一沙鷗（仿大千筆意）石林道人寫

花卉圖　（仿大千筆意）　石林道人寫

奇峰飛瀑圖　（仿大千筆意）　石林道人寫

聽松圖　（仿大千筆意）　石林道人寫

蒼松圖　（仿大千筆意）　石林道人寫

松下高士圖　（仿大千筆意）　石林道人寫

問君何所思
無言妙入神
撫松聽清響
遠懷故人情

壬午春初
[illegible]寫

峨眉奇峰　（部份圖）（仿大千筆意）　石林道人寫

山河萬里情　（仿大千筆意）　石林道人寫

八、大千先生筆下的化境

現代人間樂園種種相（註四）

㈠「好景當前須逕賞——花卉」
㈡「海榴自是神仙物——石榴」
㈢「大石當門老樹歌——看竹圖」
㈣「喬松二老」
㈤「聽松圖」
㈥「松下高士圖」
㈦「松泉圖」及「黃山圖」
㈧「紅梅圖」

㈠芙蓉面是人間美

芙蓉面是人間美
月桂香分天上栽
好景當前須逕賞
籬邊又有菊花開

此爲爰翁慶宗兄漢卿（學良）之詩畫，清賞之餘，倍覺溫馨。讀之令人聯想到陶潛的田園吟詠，如「採菊東籬下，悠然見南山。山氣日夕佳，飛鳥相與還。」接著，「此中有眞意，欲辨已忘言」。這是淵明四十二歲時的作品，何等瀟灑豪放，饒有風趣。在另一首詩中，他描寫新居景色是「榆柳陰後簷，桃李羅堂前，曖曖遠人村，依依墟里煙」，結尾說「久在樊籠裏，復得返自然」。可見他的田園之樂並非不勞而獲。之後，經過四年的田園生活，乃知「田家豈不苦，弗獲辭此難，四體誠乃疲，庶無異患干」。

那末，隱居田園究竟是樂？是苦？淵明在「讀山海經」詩中已有解釋。詩曰：「……既耕亦已種，時還讀我書，……歡然酌春酒，摘我園中蔬，……俯仰終宇宙，不樂復何如」。心安理得，豈不快哉。爰翁在本節詩畫中，表達了一種「樂得自然」的觀念，讓行動與希望配合，以期天地之大美永藏吾心，養之而不失。所以「養之」之道，即在「逕賞」二字，試想：從芙蓉至菊花，乃至梅蘭桃李，茂林修竹，崇山峻嶺，大自然蘊藏了無限之美，如果我們的心靈不能與之相通，豈非自投「失樂園」去？惜哉！愚乎？

(二)石榴圖寫意

此余仿爰翁筆意之作，爰翁引石田詩意而創作是圖。題曰「石榴」，石田詩云「海榴自是神仙物，種託君家有異根，不獨長生堪服食，更期多子應兒孫」。

爰翁之畫面設計，係採自極頂俯視海榴，中有鳥鳴枝頭，嚶嚶求友，雖主角的人物未現，而意在其中。爰翁之筆墨簡潔而柔和，筆鋒轉換之間，則蒼勁有力，勢如老松當風。陶潛詩云俯仰終宇宙，不樂復何如，讀爰翁畫者亦有同感。本圖既以石榴與鳥爲構成主體，則對鳥的角色亦可有所評價，爰賦詩如次：

鳥語枝頭吟

倦鳥歸故林，嚶嚶求友聲；
問渠何所止，嚮往自由神；
昔似雲邊鶴，翱翱飛天庭；
垂老欣有託，榴郎最溫馨。

秋泉作

質言之，本節詩畫的意境，在描述一種天人相與之情景，裡面的鳥已加以人格化；他有理想，一心嚮往自由之神而翱翔於其頂上；他好和群，經常發求友之鳴，他愛故林，且重情誼，與石榴稱兄道弟，因此他成了人間快樂的伴侶。

看竹圖　（仿大千筆意）　石林道人寫

(三)看竹圖

大石當門老樹歌

「三間矮屋足棲遲，牆邊種竹從人看，不用知他我是誰」。此爰翁之題款，讀之深有出塵脫俗之感，彷彿竹葉片片化爲朵朵白雲，別有天地非人間。而此詩所言的「三間矮屋」論，其意象經藝術經營之後，立即被提昇到清高而又厚重的化境。這也就是爰翁的象徵手法。

三間矮屋之主人，原來可能爲財力不如別人而自卑，而苦惱，但爰翁的筆墨卻將大石、老樹寫成別墅型的環境，則矮屋與茅舍都成爲有趣的處所，故美感所寄與環境觀瞻的影響，至爲重要。讀孟浩然詩，彷彿感覺他是寫的同一故事，而意境更爲清晰流暢，詩曰：「故人具雞黍，邀我入田家，綠樹村邊合，青山郭外斜，開軒面場圃，把酒話桑麻，待到重陽日，還來就菊花」。詩中有畫，情意雙關。可見形隨心造，心動意揚之言，言之有理。

㈣「喬松二老」

大千先生致王濟遠大師詩，題于畫眉，讀之可知當代大師間之情愫，亦一現代史之重要資源。詩中有「……晚歲韶華似水流，試數故交猶幾輩，漫云餘緒亦千秋……」讀之令人感嘆，但結語卻是以「風雨同舟」來互相慰勉。可見爰翁對于時代變遷，青黃交替之道，也是用心去體察的，而其樂觀進取，不斷創新的畫風也對新新人類發生了極大的鼓勵作用。

當代大詩人劉太希教授，生前曾以書畫及詩篇相贈，其詩曰：「夏聲沈盪海揚塵，獨撫哀弦爲子陳，曠世相逢餘我輩，後無來者發其眞，詩歌聊吐風雲氣，霧眼難窺浩蕩春，行盡江湖人老矣，卻憐龍性未能馴」。讀其詩，想見其爲人，誠然是道貌仙骨，才氣縱橫，而細察其意，則更饒有高瞻遠矚之見，尤其詩末「龍性未能馴」五字涵義殊深，蓋當時正值希公的人生高峰期，德業學養均臻圓成，溫厚慈祥，眾所共仰，但這時他必須依例退休，這對於莘莘學子，在其承先啓後的自許與責任上，均感一大損失與挫折，因此，希公在詩中就有「獨撫哀弦爲子陳」句，這眞是一個可哀的局面，身處其境的人，誰也難免有無奈與憐惜之情。太希的這首詩，實在也代表了無數面臨退休者的呼聲，那些年輕的「老人」，智慧閃閃的長者，專精而又熟練的科學家，碩德博學的教育家……等等，如何解決此一問題，雖非本文範圍，但是願意提出來供大家思考。

㈤「聽松圖」

爰翁引王元章詩云

「孤松倚雲青亭亭，故老謂之蒼龍精，古苔無花護鋉甲，五月忽聽秋風聲，幽人恐爾斧斤辱，獨傍孤根結茆屋，月明喜看清影搖，雪凍卻愁捎尾禿，昨夜飛霜下南海，山林草木無光采，起來摩挲屋上松，顏色如常心不改，幽人盤桓重慷慨，此物迺是眞棟樑，嗚呼既是眞棟樑，天子何不用扶廟堂」。

先生繼題曰「夜誦王元章詩寫此」，讀此詩至「阮」字，頓覺惠風和暢，氣韻生動，余于是亦賦詩如次，誌所感焉。詩曰：

蒼龍詠

巍巍河嶽，獨傲蒼龍；
星月交輝，霜雪彌雄；
靜聽松風，天樂融融；
俯仰宇宙，阮眞愛儂。

人問何故以蒼龍來象徵青松？再者龍爲何物？

簡單的說，龍是民間流傳最廣最古的一個神話動物，但他又是活力充沛，善於應變，而且有變則通，通則成的適應能力，我們推出蒼龍觀念的理由在此。我國古典易經首卦，乾卦，便將龍的應變形態分作六個模式——在易經稱之爲爻，依次爲：(1)潛龍勿用（意指靜伏不動），(2)見龍在田（始動），(3)君子終日乾乾

（養精蓄鋭之意），⑷或躍在淵（游龍），⑸飛龍在天，⑹亢龍有悔（亢，極也，物極必反，須謹言愼行之意），整體言之，「見群龍旡首，吉」。（現代學人解説爲民主社會的自由、平等、互依共存的模式）。處今多變的人間世，龍的精神唯蒼松足與媲美，故高士沉思默想於松林之中，寧靜致遠，未嘗不佳。

余曾賦詩兩首如次：

松風曲

老松世稱青龍精
凌烈風霜彌蒼勁
山河同壽毓靈秀
靜聽松風妙入神

松鶴詠

老松蔭吾廬

庭石可高枕
忽見雲邊鶴
飛來共度春
睡覺知一夢
誰問幻與眞
忘機隨自然
觀照大清明

秋泉作

人問松風的蘊含爲何？

在科技時代的今天，我們僅能從藝術心理學的觀點來探討，簡言之，所謂松風可以稱爲自然交響曲，或稱天籟、天樂、仙樂、神曲、松風賦等等，莊子齊物篇有一段非常精采的描述，可供參考，它分人籟、地籟、天籟三個範疇來討論，殊饒興趣，可見古人對此亦作過嚴肅的努力來探索天地之美，可惜樂經失傳。近代音樂家也致力於新音樂的創作，在在表示人對於美的愛好與追求，無論古今，其致一也。因爲有了美，心靈便會充滿喜悅。

(六)「松下高士圖」

爰翁寫此圖時，曾引李西涯句，似乎意在自況，讀之令人感慨萬端，詩曰：

種樹自何年
幽人不知老
不愛松色奇
祇聽窣聲好

（窣通榕）

作此圖時爰翁已八十四歲，垂垂老矣，然筆墨之間，依然豪致萬丈，靈氣接天，偉哉！一代高士，爲五百年來所未見。余研究爰翁敦煌時期之風格，以爲他得力于靈性，曾賦天女詩（見前文）。

中華山河之魂鍾靈毓秀，故灼灼晶英代有其人，而如松柏之蒼勁，河嶽之雄渾者蓋鮮矣，孰能充分發揮悠久博厚高明聖潔之文化精神乎？爰公之畫一如其人，詩如其言，墨如其聲，必將永遠留與世人享用不盡也。故云哲人長存，永遠永遠與後人契合，可以神會而意通也。可敬哉爰公！可愛哉爰公！

泉記于辛巳年六月七日東京

讀了前面的最後兩句詩，可知這位高士的喜愛，好「風」勝於「奇色」，換言之，其聽覺上的需要，甚於視覺。再細察高士的神色，高臥松間，悠然自得，彷佛超越凡塵，忘了歲月，優游于忘我之境，可見爰翁的藝術心靈殊多玄妙，亦足證明美化對於淨化心靈的關聯性。

松泉圖　（仿大千筆意）　石林道人寫

(七)「松泉圖」及「黃山圖」

爰翁自題云「梅沙彌有松泉圖。本圖爲世名跡偶與二三朋舊，上下古今乘興塗抹，襲其意未能效其筆也八十二叟爰」。

爰翁的謙遜、敦厚之風，令人欽佩。依其藝術思想，此圖應該尚有一片青山或幾方巨石作爲背景，方符「松泉主題」，但原始創作者既欲突顯天人之際的快樂情景，故亦適中爰翁之意。換言之，爰翁的筆墨是欲建造一大和諧的化境，故常以連峰積翠，高士撫松作爲題材，臺灣省大詩人林態祥先生贈余聯語曰：「樂意相關禽對語，生香不斷樹交花」，寫出了大自然之美好情景。讀古人書，乃知古今同風，爰引米芾詩如次：

青松勁挺姿，淩霄恥屈盤；
種種出枝葉，牽連上松端；
秋花起烽煙，旖旎雲錦殷；

不羞不自立，舒光射丸丸；
柏見吐子效，鶴疑縮頸還；
清松本無華，安得保歲寒。

米芾　擬古詩

（註——前詩中「般」字，似應作「殿」字，待考。）

余喜米元章書法，其詩篇亦甚雅逸，本篇說到雜色花木甚至柏樹攀附松端，令人憂心。

爰翁在黃山圖中曾將蒼松挺立於削壁之上，遙遙眺望奇峰，雲蒸霧鬱，恍如游龍騰舞。余亦有詩誌所感焉。詩曰：

遠眺奇峰吟

奇峰積翠意何如
笑而不答心自閑

遠眺老松挺削壁
蒼勁烈烈雲海間
移步東望又一峰
嵐煙縹緲飛靈泉
林鳥競鳴朝暾曲
洋洋自得快樂年

秋泉作

(八)「紅梅圖」

爰翁自題云：「兩岸月橋花半吐，紅透肌香，暗把游人誤，盡道武陵溪上路，不知迷入江南去。先自冰霜直態度，何事枝頭點點，胭脂誤污，莫是東君嫌淡素？問花花又嬌不語」。讀此則可領略爰翁之作，固然畫中有詩，詩中有幽默，風流雅致，倍感爽朗。古人吟詠亦不少逸興幽情之作，但殊難見如此現代感之明朗素直也。

九、結語：

美感的覺醒是一條通往人間樂園的高速公路

綜上所述，可知爰翁之藝術，誠有悠久深遠的歷史淵源（註五）。他對社會風尚的良好影響，亦至值稱道。譬如他的藝術創新求變精神，洋洋乎先領風騷，即是一例。人問「美術何以能轉移社會風尚？」這才是重要的問題。綜觀爰翁一生努力的意願，是希望以藝術的手段來建造一個人間樂園。因此他的每一幅畫，每一首題款，就像工程師的圖樣，用以塑造一些模型，供給人們以充分的思考和選擇的空間。

爰翁的樂園設計圖，可用「美感的覺醒」一語來概括之。蓋美感乃是人類之天賦，好好惡惡乃人之常情；但實際上，卻有背道而馳的案例，如犯罪即偏差行爲之一。那末，「應該如何是好？」這更是一個重要課題。爰翁認爲美感的覺醒乃是恢復人類正常的認知機能之初步，由此以往，天人之際，人際關係才有新的認知，來了解「天地有大美，萬物蘊柔情」的眞諦，進而入於「得乎至美，游乎至樂」的境界，而享受天人合一之樂。由此以觀，爰翁的作品描繪出至美之境的種種相，來幫助人們恢復天賦的慧根，享受天賜的幸福。

附註

註一：楚戈著，「水墨畫對現代的適應」，見黃光男編「美術論叢43號」，臺北美術館出版。

註二：凌嵩郎著，「中國美術發展史」，一九八〇年版頁一六七。

註三：臺靜農作，張大千廬山圖長卷跋，其中敘述爰翁晚年作畫情景說：

「……居士（指爰翁）聞言忻然，于是鳩工製長案，東國購絹素，閱多月命筆潑墨，三月而山川形勢略具，乃以心力疲，臥醫院中百餘日……多在夜揮染達旦不寐，皓然一叟，蹀躞於數丈案首經營於心，化機在手，若巨靈之闢鴻濛，吁偉矣……」（長卷印本已由歷史博物館出版）

註四：本章所列各圖已有印本，參閱「張大千畫集」一至五冊，「張大千畫集」及選集，均由歷史博物館發行。

註五：爰翁於「廬山圖」卷首題款：「從君側看與橫看，疊壑層巒杳靄間，彷彿坡仙開笑口，汝眞胸次有廬山，遠公已達無蓮社，陶令肩輿去不還，待洗瘴煙橫霧盡，遍談高坐戲看山」。此圖爲爰翁之最後作品，而一般落款常於繪卷殺青時爲之。爰翁擲筆時可能已入彌留狀態，而爰翁之腦海，在頃刻之前，尚與蘇東坡、馬遠（南宋大畫家與夏珪齊名）、陶淵明進行交會，其氣氛輕鬆愉快，談吐風雅，間以詼諧，栩栩如生，由此可知爰翁之藝術與生命已結爲一體，且與歷代高士隨時神會，此節對醫學與藝術心理學殊有研究價值也。（長卷印本發行者仝前。）

下篇

藝術創造、美化人生與公共政策

——文化政策理論的探討

摘要

本文討論了文化政策的兩項問題，即文化創新與文化行政之刷新。全文六章，前三章論創造心智與文化、社會、政經發展之關係，提出六項理論上之爭點，並以創造性爲主題，分析了我國傳統文化之特質。後三章論文化行政之性質、界限及其與文化創作活動之分際，末論新世紀文化生活型態，由七項趨勢分析，說明今後文化立國政策應有之定位。

一、前言

文化是人類由生活經驗所獲得的智慧，而智慧是由人類心靈活動之所產，故文化亦可說是人類在群體生活中所完成的集體創作。旺盛的心智活動，原於旺盛的生命力，故文化活動亦即群體生命力的一種象徵。反之，如果群體的創造力衰退、停滯或喪失，則其文化亦隨之衰頹、停頓或死亡。學者論之已詳。吉朋的「羅馬衰亡史」，斯班格勒的「西方之沒落」，湯恩培的「歷史之研究」皆從文化發展史的觀點來考察文化創性與民族興衰、國家存亡之關係。晚近社會學、文化人類學、社會心理學者更各從其學科的實驗研究引致大體相類的結論。柏森思（Talcott Parsons）認爲文化爲社會的基因。而創性爲文化之胚胎。因此，在考察文化政策時，首先將面臨文化創新與心智活動有關的種種問題。本文無法對這些深刻的哲學、科學上的理論問題進行探討，因爲各專門學科已有極其豐富的文獻可資參考，作者在此有限的篇幅中所欲提出的，乃是與我國當前文化政策有關的幾項基本問題，提出來作爲思考上的一個架構。這些問題是：

對心智創造活動的理解問題。

創造的個性在群體中成長的問題。

典範之突破與重建問題。

創造性與社會性問題。

科學精神與道德生命之結合問題。

東西文化的交流互動問題。

作者在檢閱了有關文獻之後，感覺學者對於上述問題的詮釋，雖然作了卓越的貢獻，但尚無定論。譬如就心智活動而言，基爾福（J.P.Guilford）的「心智結構圖」暗示著人類的心智可以處理宇宙萬物所傳達給我們的訊息，而產生智慧。而波博（Karl Popper）則以爲科學理論主要是神話製造與試驗之結果，而所謂試驗，部份須靠觀察，但其功能不是產生理論，而是拒絕、捨棄和批判理論，它同時挑戰地提出新神話和新理論，它也同樣須得接受考驗。

心理學家認爲可能處理的訊息，在哲學家看來，那無非是浮光掠影。在高度發展中的資訊社會裡面，我們每時每刻都可以接觸到多樣而大量的訊息，我們的心智如何才能充分運用這些資訊，使它轉化成爲有用的資源？這可能是我們所說的創造活動之目標。

但是創造性的本質究竟是什麼？如何去理解創造性的活動？這也是文化政策必須首先解明的問題。

同樣地，創造者的個體如何在群體的生活中去積累共同的經驗，發現新的事實和關係？換言之，個性如何與群性互動而生長？其次，創新的行爲如何被社會所接受？創造性與社會性如何能並駕齊驅？這些都是政策考慮上非常基本的課題，可惜目前都尚無一致性的定論，因此作者只能用「困境」兩字來表達一個研究者的處境。

文化政策是一個包涵多層面的公共政策設計，在時間上說，可以追溯到很早很久，也可以前瞻到很長很遠。從空間上說，則更是難以確定，因爲文化的影響力，無論爲受或爲施，都可能是「放之以彌六合，收之以藏於密」的情況。尤其在今日知識爆炸，資訊充滿的時代，任何文化政策的設計，均不容忽略一個更廣闊的時空架構；因此，必須顧及國際與未來社會的需求。

而在一個不確定的世界中，如何從各種角度的掃描中來確認取向？廓清觀念？規劃範圍？這可能是一樁師勞而無功的努力。但是沒有經過這番勞役，我們的行動可能未見其利而反蒙其害。近代歷史上，已有不少自作聰明的獨裁者，都曾試驗過他們自稱爲偉大的文化設計，製造優秀的日爾曼、意大利、俄羅斯文化，而結果只是一場愚蠢的悲劇。因此，任何文化政策的設計，必須謹愼、虛心從各種角度去考察社會需求，然後或可掃描出一個粗淺的輪廓。

作者爲此搜集了聯合國科文教組織所出版的各國文化政策文獻，並且三度訪美、日韓諸國，又與各國駐華文化關係人士晤談，我從上述三方面所獲得的知識，使我了解到文化活動與文化行政是兩個層次不同、但是關係密切的領域，因此應予分清界線，各盡本務。我認爲文化創造是社會群體共同的活動，其中有生命力特別旺盛的人發揮其心智能力，而有所創造發明，這應該說是個人在社會互動關係中所完成的一種創作；創作本身並非行政的本務，它與行政領域無關。但是爲了造成有利於創作發明的環境，文化行政乃有職責來提供適當的服務。而文化行政之取得合法地位，是因爲它所處理的實務對象，具有公共性和服務性之故。行政學上之所謂公共性，是指不可分割的公共財，譬如古蹟、公園、自然景觀、古物、國寶等等，都不能按人口比例加以分割平均分配，而必須完整地保護其原來風貌或最佳的狀態以提供全體民衆之享受。至於服務性是指政府所提供的服務是免費的，或只取最低限度的成本而言，譬如地方文化中心舉辦各種文化節目，原則上都不得取費。政府爲獎助創作發明的活動，應採取另一種服務方式——以國庫的資源來補助、獎勵有特別成就或有發展潛力的作家。

國民大衆是一座智慧的礦山。如果我們有了良好的探礦師和優秀的工程人員，我們就能發見新礦，製造出衆多的年輕科學家、工程師、文藝作家……，當前文化行政應該提供這一方面的服務。

那末，教育與文化行政不是重複了嗎？教育的宗旨不也是為了培育新生的一代，開採民族的新礦嗎？

對于這個問題，作者認為應從新的角度去檢討。假如我們能把視線集中到新世紀的座標，則我們將發現未來的世紀將出現完全新型的問題，而文化行政亦然。教育行政與文化行政的職權劃分，應從「未來」的座標中去重新擬議。因此，作者不揣才學淺薄，寫了第六章「未來文化行政的探索」，以供決策之參考。

二、文化政策的困境

㈠第一困境——對心智創造活動的理解

所謂「創造」，是指人類生生不息、日新又新的一種心智活動。韋氏字典釋創造謂「賦予存在」之意（Bring into being）（註一），孔恩（Thomas Kuhn）解釋創造是「解決了問題之後，還能衍生更多的問題，而再繼續不斷地追究問題和解決的問題心智運作」（註二），基爾福（J.P.Guilford）認爲心智運作是「主要的心智活動或過程，也是個體對於原有的訊息所作的處理」（註三），郭有遹教授解釋基爾福所界定的訊息之意，非常廣泛，「凡是個體所識別的對象，或所能、所聞、所屬、所見的都可稱爲訊息，個體獲得所輸入的訊息之後，可以將之了解、記憶、引伸、演繹或批判」（註四）。基爾福作智慧結構圖，把人類的心智歷程分爲心智運作、材料、產品等三個變項，而構成爲一個立體結構。運作是指人類的認知力、記憶、分殊（或擴散）思考、凝聚（或匯合）思考，及評鑑力。人類運用這五種能力來應接宇宙萬事萬物，他又將之分爲四種材料，即形象、符號、語意、行爲。四種材料都爲傳達某種訊息而存在，通過我們的心智運作，把材料分別處理之後，就產生不同的產品，他把產品的種類分爲六項，即單位、門類、關係、系統、轉相、含義。由此可算出人類有一二〇種智能。

譬如蘇東坡赤壁賦：「誦明月之詩，歌窈窕之章，少焉，月出於東山之上，徘徊於斗牛之間」，他最初所見的明月星星，乃是對單位形象之認知；可是後來「客有吹洞簫者，倚歌而和之，其聲嗚嗚然：如怨如慕，如泣如訴；餘音嫋嫋，不絕如縷……」，於是「蘇子愀然，正襟危坐，而問客曰：『何爲其然也？』客曰：『月明星稀，烏鵲南飛』，此非曹孟德之詩乎？」此時他所見的明月、星星，已經因感情的變化，而轉向爲曹孟德之詩句，再由詩句所代表的符號，在東坡的心智運作中發生分殊性的思考，而產生另一種意義，即下文所說的「方其破荊州，下江陵，順流而東也，舳艫千里，旌旗蔽空，釃酒臨江，橫槊賦詩，固一世之雄也，而今安在哉？」他的分殊思考能力，正如春蠶吐絲，一發不可收拾，乃聯想到「侶魚蝦而友麋鹿，……寄蜉蝣於天地，渺滄海之一粟。哀吾生之須臾，羨長江之無窮，挾飛仙以遨遊，抱明月而長終。」此節所指的明月，乃是東坡心智所創造的明月，以後他又轉入匯合性的思考方式，以其自己所創造的明月爲材料，凝結爲一種哲學思想，「惟江上之清風，與山間之明月……是造物者之無盡藏也」，則其「明月」實在就是他的哲學符號了。

執此而論，可知東坡的創造歷程是通過了認知、記憶、分殊與匯合思考以及評鑑的過程，而對客體的清風、明月、星星，由初步的單位形象的認知，發展爲形象轉相的分殊思考，再將他自己所創造的材料給予解釋，於是讀者才了解赤壁賦新月乃是代表了一種哲學境界。

近代心理學家對創造性之研究頗多貢獻，基爾福指出分殊思考的人，多具有下述四項特性：流暢性、應變性、周全性、原創性；而善於匯合思考的人，則多能作邏輯的、獨特的、百川匯宗式的思索。管子的一段話也許正好用來解釋凝聚性的思索方式，他說：「聖人博聞多見」，「思然後知」，又說：「思之，思之，又重思之，思之而不通，鬼神其通之。非鬼神之力也，精氣之極也」。而孔子的心智較管子更高了一層，他說「吾嘗終日不食，終夜不寢，以思，無益，不如學也。」他主張學思並進。

卡爾·波博對創性的解釋，似乎是接近百川匯宗式的，他說：「科學知識之成長，不應視爲觀察結果的集合或積累，相反地，它應該說是：觀察之集積，乃是科學理論之成長之結果。科學理論並不就是觀察的結果，主要地，它是神話製造與試驗之結果。所謂觀察，一部份須靠觀察，因此它變成非常重要；但其功能並不是產生理論，而是拒絕、捨棄和批判理論，它同時挑戰地提出新神話和新理論，而這些新起的神話與理論，同樣須得接受考驗。如果能了解這點，那我們就能了解科學傳統的重要性了。」（註五）他主張理性的批判。

心理學家分析歷史上許多科學家的心智狀態，認爲他們的一般特性是懷疑與天眞的混合。柯思勒論及達爾文的人格時說，他不受任何成見的制約，而「能以原始的敏銳眼光，天眞無邪的開放心胸，面對主題而勇敢地提出較他資深的同僚所未想及的問題。」（註六）這是對悟性、直覺的一個見證。由此可見所謂創造性是一個複雜而高深的問題。

二第二困境——創性和群體中的成長

文化建設的遠程目標是國民爲求自我的氣質變化，和提升本身的創造力的一種集體努力。這裡說到自我的變化和提升，而又說是集體的努力。這兩者中間是否有矛盾呢？

因爲創造力的培養和人格的變化，一方面看，固爲個己的事務，而從另一方面看，它又是社會群體共同的產物。個人必須寄託於社會的、歷史的、整個民族文化體系中，始克形成其氣質，發展其才華。脫離了這一整體，則個人的精神即無所依托，而其企求自我變化氣質，發展創性也就成爲一種奢望，不可能實現的一種幻想了。十八世紀林諾博士在原始森林中發現的野生孩子，就是個明顯的例子。據林諾說這些野生孩子可能是被文明社會遺棄的孤兒，因爲他們的面貌極似人類，但是他們的行動彷彿如動物一般，林諾博士推論，這就是人類與文明隔絕的景象。（註七）斯比次博士作了另一種實驗，他把孤兒院一群孩童分做四組來作觀察和實驗的對象，其中一組是留在孤兒院的孩子，其餘三組則爲被普通家庭領養的孩子，在開始實驗時孤兒院的這一組和其餘三組的智能，都沒有什麼太顯著的差異，其最初四個月的平均智商是一二四，居第二位。可是到第一年終了時，卻跌落到七二·四，其餘三組則無變動。到第二年終了，孤兒院的這一組再由七二跌落到四五，幾與低能兒無異了。（註八）

實驗結束以後，再經過二年去訪問這家孤兒院的孩子們，其中二十一個孩子的年齡已經到了四歲，但只有五人能自己走動、只有一人能自己穿衣、一人能說完整的句子，其他的孩子都不能說話或只會說幾個單字而已。很明顯地，可以看出他們比其餘三組孩子的智能，現在已有天壤之別了。

這個實驗說明個人生活在孤立無助、人際溝通不足的環境下，他沒有機會來發展其語言系統和感情表達的能力，因而影響了他以後智慧和感情的成長。

本文作者曾不斷觀察日本戰後國際混血兒成長之後的情況，看到他們的相貌體型雖然和西洋人長得大同小異，但其動作表情和思想觀念卻完全是日本式的。以後作者又到美國訪問，見到在韓戰之後受美軍收養的戰爭孤兒，一看他們的面貌就知是東方人，但其表情、動作和思想觀念已經完全美化了。

㈢第三困境——典範之突破與再建

由此可見，個人在不同的文化體系中生長，自然接受其影響，而學習語言、文字、生活、習慣和思想、信仰，認同於其文化模式。所以文化實爲構成國家和民族最重要的因素。而個人的氣質、情操、創造才能，也必須在群體的合作互動關係中，始能充分發展。

近代知識社會學者，認爲科學知識之擴散與創造發明的完成，乃是通過科學社群的相互啓發、批評、激勵，不斷地嘗試錯誤中完成的。故文化建設爲一種集體的努力。而個人欲提升其精神生活情況，發展智能、變化氣質，則必須反求諸己。換言之，科學發明實在是個人與團體共同影響，戮力同心的結晶。

湯瑪斯．孔恩在「科學革命的結構」中，曾以科學史的事實來說明此種「科學社群」的重要性，以及科學家如何苦心地發現了一種新的理論，繼之以變爲一種典範（Paradigm），而一種理論要成爲典範，則一定要能人之所不能，使其他的理論相形見絀，但它不一定要能解釋所有相關的事實，而且實際上也永不可能。不過，典範出現之後，至少它在指導實驗、解決問題這方面極爲有效，而且平息了學派間久懸未決之爭執，這樣「使所有的人，不再爲基本問題費心，部份是因爲研究者對於典範的信心，使他們產生了自信，這一自信又激勵他們從事更精確、更深奧、更費心的探索。」

典範的建立，最初往往只是少數人的領域，但他卻爲該領域塑造一個新的更嚴格的定義，然後，分工逐漸精密、專業化愈加細微，其探討的問題亦愈深入，「專注於學科領域中最隱秘及微妙的自然現象」。因此，他的報告形式也就改變，不再以長篇累牘的書本出現，而是以短篇論文的形式出現，故現代的學報遂成爲同行科學共同分享科學知識、交流和批評、相互切磋的園地。

孔恩指出，所謂科學社群是「由科學家的專業同儕所組成的社群」，這個社群有一共同禁忌——不立文字的守則，即在科學事務上禁止訴諸政治人物或社會大眾。科學群體必然會把典範改變看做進步，而以此種進步感到「自我滿足」。孔恩認爲科學家的這種「自我滿足」感，才是推動科學進步的最有效的工具和刺激劑。那麼，他的「自我滿足」感，也就是他所認定的「進步」，是不是有外在的客觀標準呢？孔恩認爲「解決問題」及其解決的數量和精確度，就是計算其成就的單位。他強調指出科學的精鍊和特化的程度爲創造性的指標，他說：「科學不似其他許多創造性的領域，並不迫切地需要刻意地追求新奇。結果，雖然新典範很少，或從未擁有老典範的所有本領，它們通常保留了大部份過去成就中最堅實的部份，此外，它們還能衍生更多的具體問題的具體解答」。（註九）

這段話，其實包含了一個困境，即科學革命之發生，常常是表現一種新的理論之出現，被人接受，馴致變爲一種典範，同時引起舊典範的修正，甚至推翻。然則舊典範是否全部失去了它的作用呢？孔恩的回答是非常謹愼的，他認爲「新典範保留大部份過去成就中最堅實的部份。」（註十）如此，則即使在自然科學中，新舊典範之間也有如抽刀斷水水長流的情況。

㈣第四困境——創造性與社會性

文化創造是通過個體的努力而表現之，但同時個體必須在群體的互動系統中始能感應、運作、發展，而完成其獨特的作品。以是文化建設必須同時兼顧個體與群體的調適。文化系統好像是一個交響樂團，必須靠每個樂師的精湛演出，才能奏出美麗的樂章。那麼文化建設也需要一個指揮嗎？爲回答此問題，我認爲必須先對「指揮」一詞加以詮釋。音樂的指揮，照尚貝葛（H.C.Schonberg）的解釋。（註十一）乃指一種藉調適樂師節奏以保音樂演奏完美性的藝術，換言之，這是一種協調的藝術，而與發號司令權威命令毫無關係。故在中世紀甚至文藝復興時期的歐洲，音樂指揮就是打拍子的人。在巴洛克時代，大鍵琴手被指定爲指揮，以後首席小提琴主持或分擔樂隊的指揮。法國首倡導揮棒用以擊打拍子，但噪音令人厭煩，當時有位名叫魯里的作曲家爲了避免噪音，經常用指揮棒拍他自己的大腿，也許因爲用力過度，竟致引發膿瘡，潰瘍中毒而死。以後經貝多芬、孟德爾頌及斯波爾等輩之改進，而始成今天典雅莊嚴的形式。再經華格納將它整理出一套規則，於是音樂指揮才成爲一項專門的學問和藝術。

由此言之，指揮在交響樂中，可說是擔任了組織者的角色，他必需熟悉每種樂器的性能，每個團員的專長，每個音節的特色，以及它對構成整個樂章中所應表達的音色、音量、音感，而使一場演奏能流暢地吐露一種經驗、一種感情、一種哲思、一個夢、一首詩。

當代數理邏輯的權威哲學家懷海德教授論及音樂時說：「……我消磨了無數的夜晚，傾聽貝多芬的最後四重奏與鋼琴奏鳴曲，那是最奧秘的音樂。我不否認我只部份了解他們；然而，像星辰之美一樣，它們也是由於周圍無盡雄偉的思想造成的。像高等數學一樣，它們使人忽地深入抽象價值的世界而達數小時之久。我眞正認爲，這些音樂使得我對你所講的一些抽象思想的高等數學更能理解。音樂當然是高度的數學性的，並且，它也是抽象的。在同一剎那，同時具有感情與理智的內涵，可謂奇特。……我確實認爲音樂乃美學的數學。」（註十二）

懷海德在較早的談話中論到科學與哲學的關係，又以「星辰之美」來解釋一種思想的價值，不能在其孤立的、片斷的狀態中顯示，而必須和它周遭的生命一起來觀察，始能見到它的雄偉浩瀚。「這就像星辰之美」，他說：「不單因其顏色、光彩，抑且由於他周遭的浩瀚青空而來。」（註十三）這裡，哲學家把音樂視做數學，又把每一音符比喻爲青空中的星辰，星星因青空的浩瀚而顯其光彩。他又說，在科學上你必須要有秩序，如此，你又須將某些秩序類型孤立起來，以爲觀察之用。但是，要使科學意義眞正令人瞭解的話，那麼，它與哲學一樣地，必須藉助於科學的解釋。科學內部的秩序「假若不和它周遭的生命一起來研究，則難讓我們了解。」這裡，懷海德又將科學內部的秩序視爲哲學思考的一部份，而在整體的生命中，才能發現科學的意義，而不僅發現其事實而已。

(五)第五困境——科學也會迷惘？

那麼，生命是什麼？其特質爲何？懷海德教授說：「我們百分之九十的生命，都受到情感的支配。我們的頭腦，只是記載我們身體經驗傳達腦部的東西，並照之行動而已。理智之於情感，猶如衣服之於身體，沒有衣服我們便不能具有高的文明生活，然而，徒有衣服而無身體，則『皮之不存，毛將焉附？』」

十九世紀後期的思想家，在飽受達爾文主義、機械主義和所謂科學主義的重大壓力之下，深感精神沉重、困惑、迷惘、空虛，彷彿自身被困在一個冷模、枯燥的圍牆之中，一位作家曾描述說：「他們一直生活在被棉花、紙板以及棉紙塡塞著的可悲的世界裏。在他們所創造出來的東西當中，唯有裝飾藝術——亦即室內裝潢家、糖果商和油漆匠的藝術，才運用了想像力……」（註十四）這位作家認爲十九世紀的物質主義時代，只產生了裝潢家和油漆匠的裝飾藝術。這個比喻，較之前述懷海德教授的比喻，更尖銳得多了。而這兩個比喻同樣透露了人們對於近代社會人間疏離現象的批評。在理性與情感的對立關係上來考察，則所謂疏離現象即是兩者失去平衡，物質主義走火入魔的結果。但在當時卻有人歸罪於理知主義的哲學，如柏格森曾攻擊它爲「缺乏想像力」。他說：「人類之所以有邏輯思想，乃是因爲人類生來就是藝術家。」他倡導「創造的演化論」，主張以直覺來補充智力，提升科學到一個比實證主義本身更崇高的層次。當人們批判柏格森哲學爲反科學時，他辯解說，他之所以強調直覺，乃是因爲前一個時代的人，過份地把整個信心都寄託在理知上，而拘束了智慧的成長，萎縮了心靈的活力，使得理性的眞面目反而隱沒不見，黯然無光。

十九世紀的一個思想癥結是唯心論與唯物論的對立：唯物論者利用了科學名

義，企圖以歷史唯物論的符咒來代替理性批判；而唯心論者爲了奪回理性批判的失地，執意強調精神，卻輕易失去荊州，予人以反科學的印象，而反科學又被誤解爲反理性。這是唯心論者自陷於不利的原因。其實，柏格森哲學如其說它解決了前世紀思想上的若干問題，不如說它提出了更多，更深刻的問題。誠如S．休士所說，柏格森哲學直接引起了歷史知識的問題，以及德國人所謂「領悟法」，克羅齊所謂「靈光一閃」的歷史理解論，乃至佛洛伊德對潛意識與無意識世界的解釋。這些觀念可說都是由柏格森的「直覺」所引發，追究到人類精神世界的諸種形相，而試圖提出他們的解釋。（註十五）

克羅齊認爲貫穿歷史的概念是人類的「道德生命」，表現在藝術、宗教、倫理以及政治原則上的人類至高無上之理想的全部，我們須透過歷史人物本身去理解，再透過史家對自己時代的體驗去「再經驗」、「再體認」歷史眞實，故「任何歷史都是當代史」，可用當代人的想像力去理解它、判斷它，因此歷史解釋是想像力之再創造過程。此種解說，顯然爲唯物論者所不容。佛洛伊德的心理學則無異對柏格森命題——意識深處的構造——作了另一種答案。柏氏認爲人類意識的極深部份，無法用空間或數學之邏輯來表達其精微玄妙的奧秘，而近代精神分析學派則試圖以科學分析的方法來探測此一奧秘。

綜觀佛洛伊德、容、阿特勒諸家的業績，可說已經相當廓清了前代學者有關現代科學能否觸及人類心靈深處的一項疑問，而開拓了新的學科領域。參加這領域的現代學者，應該說還包括了心理學、人類學、文化人類學、語言學、新士林哲學家們。

㈥第六困境——東西交流的孔道

但是對西方哲學家而言，東方的哲學思想卻提供了他們新的靈感之源泉，正如奧大利籍的谷寒松教授在一項演講中所指陳的：他發現在歐洲的哲學世界裏，頗有一個新趨勢，他們深感在歐洲哲學的圈子內轉來轉去，好像已經轉完了，因此需要一股新的血輪，所以他們對中國老莊思想，覺得非常具有吸引力。他說：「過去一年中，我有機會在西方教書，發現同學們無論是青年、老師，都聽過道德經的思想，非常有興趣。爲什麼呢？因爲道德經常常是講到人是整體性的。在現代的歐洲哲學思想界來講，很多人覺得思想的多元及分化性，都看不到整體，所以從東方傳過來的思想，是比較整體性的，……對他們很有幫助。」（註十六）

谷教授同時指出，現今歐洲最重要的思想潮流，是主體論者認爲人是一個主體。笛卡兒說：「我思故我在。」人之所以成爲主體，因爲他有思想。但一個人卻同時具有兩種身分，一方面他是獨立的個人，對自己負完全責任；同時，他是一個社會人，必須依循社會規範，以文化體系作背景，來扮演他主體性的角色。個人的此種雙重角色構造，並不常常一致，有時互相矛盾。現代人的此項內在矛盾，尤爲深刻，而現代語言學家、社會學家、心理學家、哲學家，就拿這些題材，來發揮其思想。

西洋思想界，在面對如此困境的今日，向東方尋求靈感，其心理是容易了解的。這是否反證東方的心靈文化還保存著活潑的生機？可能爲一有趣的問題。而在這時，我們回顧數百年的歷史發展，感傷自己科學落後之餘，又不得不感激宋明理學家的珍貴遺產，當時他們所努力的性理、心性之學，也許正是今日歐洲渴望用來滿足其心靈需要的一服漢方。

十五世紀八十年代，王陽明先生年方十餘歲，受朱熹語錄的影響，他常獨坐淨室，凝神對窗外竹子「格致，格致」，但結果不佳，此心與彼竹，怎麼也建立不起關係。這一失敗的經驗，也許就是他以後在顚沛困危之人生道上發明了致良知的契機。（註十七）在西洋，我們也可找到同樣的好學人士。據笛卡兒自己在一六一九年十一月十日所寫的日記說，前晚他做了三個奇異的夢。第一夢：他看到自己被一陣狂風從教室牆角吹跑，把他吹進了一個人群中，但大家似乎沒有理睬他。醒來後，他又昏昏睡去；做了第二個夢；他見到雷電交作，震耳欲聾、使他心生驚恐，但他忽又進入第三個夢：看見室內充滿電花石火，可是彷彿覺察到剛才的雷電只是一個夢景，而在第三個夢中，他看見自己手上拿著一本字典，還有幾頁稿紙，上面寫著一句詩：「我的人生將走向何處？」又有一個陌生人送給他一張紙條，上面寫著：「是耶？否耶？」跟常人一樣，笛卡兒一生做過很多的夢。但他獨對這三個夢印象很深刻，不能忘懷，他細細推想這三個夢的意義，他知道這句詩代表了哲學與智慧的橋樑，「是耶？否耶？」表了眞理與謬誤，而那本字典象徵了科學知識的統一性，於是他領悟到：這是天意要他去完成的事業。以後，他居然完成了現在我們所知道的笛卡兒坐標及向量的數學理論。（註十八）

王陽明與笛卡兒的年代，相距約一個半世紀，一個臨窗格竹，一個尋夢問數，中間亦只隔了一三六年。十五世紀的中國是科學昌明、產業發達的先進國家。而十七世紀初葉的歐洲，正結束了狂熱的宗教衝突，拚命向海外進行商業與殖民地爭奪戰。那是一個由文藝復興的浪漫主義時代，過渡到理性主義時代的中途站，產業革命尚未肇端，經濟上還沒有掙脫後進性。因此，笛卡兒和王陽明兩人所做的夢，和他們凝思的問題，是不同的。兩人都可以說是當代天才精英，原創性的思想家，但一個致力心性之學，一個潛心數學，其影響所及，宋明理學集中世思想之大成，爲我國保存文化道統。而笛卡兒的發明催生了近代西洋科學。

現在，歐洲人發現物質文明已走到盡頭，需要新的源泉來滋潤其心靈的創作力量。我們則發現科技大大落後，需要尖端高科技知識，而當我們急起直追的時候，我們須問：自中世紀以來，所累積蓄養的精神能源和心靈動力，是否已足夠我們取之左右而逢其源？這應是值得我們三思的問題。

李約瑟博士在其所著「中國之科學與文明（中文本第十四冊）中說，未來科學的發展，其路線也行不止一條，不僅止於西歐現代科學的道路而已。現代一般人所認識的「自然現象的眞知識」，可能只是初步的知識而已，他說：「我們不要忘記它的過渡性」。傳統的中國科學思想，「在全部科學的最後狀況中所具的作用，可能比他們所認知或想像的還要大得多」。東西方科學思想的「融合」，也許會產生新的道路來揭開現代科學認爲不可思議的謎底。

李約瑟說：「我們的合作者早已習慣於把古代和中世紀各個民族的文比作河川，它們最後流入近代科學的海洋，用中國古代的說法就是「朝宗于海」。但是說到這種程序如何發生，如何進行，其間頗有餘地可以容納許多分歧的意見。我們可能設想中國和西方的傳統實質上走著相同的道路，趨向於今日的科學，那種科學照歸納家看來一切古代體系都可以用它做標準來衡量。但是另一方面，像席文所堅持的意見，這些傳統可能在過去遵循各別的路線，將來可能也是如此。它們之間眞正的融合，仍有待於遙遠的將來。無疑地，在各門科學之間，融合點也就是江河最後和海匯合的界線，各不相同。以天文學和數學而論，只經過了較短的時間，在十七世紀；至於植物學和化學，則程序緩慢得多。到現在甫告完成，而醫學的融合則尚未發生。近代科學並非停留不動，誰能說將來的分子生物學、化學或物理學會採取較多的有機性觀念並減少目前仍在流行的原子機械性觀念到何種程度呢？誰知道，在醫藥的未來進步中，在精神治療的觀念上有何種進一步的發展呢？在所有這一類的情形中，傳統的中國科學的思想錯綜，在全部科學的最後狀況中所具的作用，可能比在我們自來承認的全部科學中所具有的要大得多。……近代科學會改變，而終點尚未到。事實的表」（註十九）

用李約瑟的此項觀點來看，則孔恩的「典範」觀念，還有斟酌之餘地。如果相信科學發展有多元化的道路的話，則「突破」典範可能只是「選擇」的不同而已。而創新的行爲就可解釋爲智慧的抉擇。

對於傳統科學思想與現代科學思想的融合方面，我們應該發展出怎樣的道路去催生未來科學的寵兒？怎樣去從事交流發展出適當的典範？這是文化政策上的又一課題。

三、文化政策的觀念

(一)中國文化的創新問題

上文所舉的六大問題，也是自上世紀以來人類社會面臨了空前劇變而尚未能圓滿繳卷的幾種困境，不僅在我國爲然。「五四」以來關於「現代化」問題的論戰，是此一困境的一個表徵，而且是屬於技術的，制度的層次，尚未深入到根本的、思想和價值的層次。大陸沉淪，十億人口遭受馬列主義的毒害，經四十年而尚未能掙脫其奴役，充分表徵了我國文化精神中的深刻危機，誠如余英時先生所說：「物質的、有形的變遷較易，無形的、精神的變遷則甚難。現代世界各文化的變遷幾乎都說明這一現象，不僅中國爲然。中國現代的表面變動很大，從科技、制度，以至一部分風俗習慣都與百年前截然異趣。但在精神價值方面則並無根本的突破。而且事實上也無法盡棄故我。由於近百年來知識界在思想上的分歧和混亂，中國文化的基本價值一直沒有獲得有系統、有意識的現代清理。情緒糾結掩蓋了理性思考。」（註二〇）本章同樣希望從世界性的觀點來探討我國文化政策上若干的問題。換句話說，筆者認爲文化政策上的核心問題，並非時下所熱烈關心的行政組織形式，或部會的職權劃分，也非經費或人才等問題，因爲以國民所得已達到六千美元而且正向預定目標一萬八千美元的二十一世紀邁進時，我們的文化投資不應耽心巧婦難爲，同時以當前我們教育之普及、高等教育人數之眾，也可說是歷史上稀見的人才鼎盛的時代，而民間財富深厚、國民資質優秀，在任何方面說，都可以說是具備了泱泱大國之條件，但是，一個文化空虛的大國，決不是我們的立國理想，因爲文化空虛等於說沒有靈魂，沒有思想，也等於否定了我們存在的價值，故文化立國才是我們共同的目標。

那麼，我們對「文化國家」這個課題是否已經有了共同的認知？共同的展望？我們期許是否懇切？承諾是否堅實？這些都是我們自己可以回答的問題，因此，文化建設的前途也實在是操在我們自己的手裡。但是爲溝通共同的認知起見，一個鮮明的政策說明是有必要的，其中應該交代的幾個問題是：

1.中國文化的創新問題

2.文化創新與文化行政

3.集體創造性的管理問題

(二)傳統是否已經凋謝——天長地久的精神能源是什麼？

關於第一項，中國文化的創新，是個老問題，我們中國人已經討論了一個半世紀之久，近來西洋學者也對它發生濃厚的研究興趣。我們將於另文中作較詳的敘述。這裡要指出的是：所謂中國文化的創新，實際上只有一個對傳統的態度問題。我們認爲傳統文化中最重要的一項特質即是創新精神，易經所謂「生生之謂易」，「天地之大德曰生」，自遠古以來，我們歷代祖先即認定宇宙是變動不居的時空體系，而人唯自強不息，創造進化，才能適應和改變環境以求生存，不特自求個體的延續，而且追求可大可久的國家民族之群體發展。儒家所謂「悠久成物」，老子教人法「天長地久」、「根深固蒂」之道，皆是表示我國的文化精神是在持久中見進化，在創新中成物成務。（註廿一）沒有革新和創造，便不能與時空體系的節奏相呼應，因而不克保持可大可久的局面，唯其深根固蒂，故能長生久視。換言之，創新精神才是使中華民族歷久彌新的一個秘訣、一件寶貝。古代典籍記載了天命靡常的思想，而「殷憂啓聖」遂成爲中國人勇於面對現實、接受挑戰的最好註脚，這份勇氣和智慧，吾人稱之爲創造性的應變之道，即危機時代的創性反應。

㈢對挑戰性的創造性反應

易經中的每一卦爻，都代表一種變化，其中如蹇、困、夬、否、剝、損、蠱、坎、履，尤其指艱難險阻的情況。譬如蹇卦：蹇，難也，其道窮也；但是君子以反身修德，可以正邦。故又曰：「王臣蹇蹇，終旡尤也」，能蹇蹇勤勉以爲君上，則可化險爲夷。困卦：初爻困於幽谷，三年不見太陽，三爻困於石堆，芒刺在背，回到家中，不見其妻，六爻困於草莽，動輒得咎，可謂困惑至於極點，但聖人啓示他：「君子以致命遂志」，持志守德，徐徐應變，以得善美之終。夬卦：四爻是「臂部沒有皮膚，走路顚滯，不能前進」的象徵，這時，他應該反省，是不是聞言不信，聰不明？履卦：象徵人在虎尾後面趕路，三爻的象徵更是危險，因爲同行者有一人是偏盲隻眼，視力不足；有一人是跛子，步履不良，他們在虎尾後面趕路，萬一老虎回頭過來咬人，該是多麼危險呢！聖人告誡他們：要素位而行，謙虛自處，如果能大徹大悟，謹愼戒懼，則結果吉慶。

繫辭下傳第十一章末說到易的主旨：「易之興也，其當殷之末世，周之盛德邪？當文王與紂之事邪？是故其辭危。危者使平，易者使傾，其道甚大，百物不廢。懼以始終，其要無咎，此之謂易之道也。」禮記提到易的宗旨說「絜靜精微，易之教也」，南懷瑾解釋「絜靜」的意義是指易學的精神，具有宗教哲學性的高度理智之修養。所謂「精微」的意義，是指它同時具有科學性周密明辨的作用。孔子稱讚易之作者：「作易者，其有憂患乎？」（註廿二）。

這一本充滿憂患意識的著作，在在表現了古人處理危機，肆應事變的智慧和理性的態度。我們應用現代行政學上的術語來分析易學的決策方式，分析爲下述四個步驟：

1. 確定目標：避凶趨吉，轉禍爲福，反敗爲勝，所謂「其要無咎」。
2. 分析環境：人我關係、陰陽、剛柔、高卑及其相關位置變動之後可能的結果，所謂「絜靜精微」、「言曲而中，事肆而隱」，坦陳利害得失，決不諱疾忌醫。
3. 選擇策略：通過八卦的象徵意義，來幫助理性的決策，與現代人用電腦幫助決策，可以比擬之。易經的策略選擇適當量的價值，所謂「亢龍有悔，盈不可久也」，「君子終日乾乾，夕惕若，厲無咎」。又曰：「亢之爲言也，知進而不知退。知存不知亡，知得而不知喪。其爲聖人乎。知進退存亡而不失其正者，其唯聖人乎」。此與現代決策理論之追求最適値（Optimum Value），可謂異曲同工，但易經的此一觀念卻早在先秦時代，而且含有深奥哲理，非近代價値論可以相提並論。巴斯卡所謂「纖細心智」與「幾何心智」，以別兩者之異同，庶乎近矣。（孟祥森氏譯纖細心智類似直覺的認知心靈，幾何心智必按部就班地推理。）

4. 模擬與預測：漢代以後讖諱之學盛行，於是富有哲學的周易乃成了江湖占卜之工具，致失其原來的決策功能。我們知道在高等數學尚未發達的古代，一個面臨危機、充滿憂患的帝王，其行事決疑，要處處溥洽民情，預知得失，所謂「通天下之志，成天下之務」，「聖人以此洗心，退藏於密，吉凶與民同患」，則這一套樸質的形式邏輯，用來供作思考運籌的架構，以進行事先的模擬、預測、事後的證驗，評估和反省，其思慮之精微周密，實可謂現代作業研究（OR）之先驅。

質言之，易經所包藏的智慧，代表了中國人在面臨挑戰時所作的一種創造性之反應態度。

㈣對文化立國的信念

尚書為我國第一部文化憲章，亦是世界最古的一部憲章。其首篇堯典有云：「曰若稽古帝堯，曰放勳，欽、明、文、思、安安，允恭克讓，光被四表，格于上下，克明俊德，以親九族，九族既睦，平章百姓，百姓昭明，協和萬邦。黎民於變時雍。」

這段文章指出文化國家的基本單位是個人，所謂「民為邦本」，建設的起點是修德，所謂克明俊德，「允恭克讓」，先要求帝王自己修身，再推及每個個人，由修身而齊家、治國平天下，這段修齊治平的文章，後經儒家充分發揮，而成一

政治哲學體系，規範著中國人的政治行爲模式。（註廿三）

尚書又載舜接位時的幾道政令。他召見了十二位州長，派禹爲司空，主水利；棄爲后稷，主農業；契爲司徒，主民政；皐陶爲士，主刑罰；垂主工務；益掌山林；伯夷作秩宗，掌祭祀。然後他派夔典樂教胄子，而這道命令亦特別的詳盡，曰：

帝曰：「夔，命汝典樂，教胄子，直而溫，寬而栗，剛而無虐，節而無傲。詩言志，歌永言，聲依永，律和聲，八音克諧，無相奪倫。神人以和」。

上文寫出了文化國家開創時期的幾件大事，包含道德教育，人文教育，詩歌音樂的藝術教育，以及「神人以和」的社會教育。通過文化建設來達成一個和諧安樂的理想社會。

以後，孔子作春秋，又從而發揮了這一文化立國的理想，而形成其文化爲中心的歷史觀。

(五)科學發展還是需要心靈的能源

中國人的創造力，國父在三民主義中已有深入淺出的說明，在民族主義中說到數千年前中國人所發明的指南針、印刷術、磁器、火藥、茶葉、蠶絲、建築、拱門、吊橋等等。國父說：「我們要學外國，是要迎頭趕上，不要向後跟著他，譬如學科學，迎頭趕上，便可減少兩百多年的光陰」。

在民權主義中，國父又舉了中國古代喜歡擁護最有能力的人來做皇帝的故事。他說：「譬如燧人氏鑽木取火，教人熟食，就可以避去生食動物的危險，復可製出種種美味，適於口腹之欲，所以世人便奉他做皇帝。鑽木取火，教人熟食，是什麼人的事呢？就是廚子的事……就可以說廚子做皇帝。……所以由中國幾千年以前的歷史看起來，都不是專以能夠打得的人才做皇帝，凡是有大能幹、有新發明在人類立了功勞的人，都可以做皇帝，都可以組織政府。像廚子、醫生、裁縫、木匠那些有特別能力的人，都是做過了皇帝的。」燧人氏以後，神農氏是醫生、軒轅氏是裁縫，有巢氏是木匠，可以說都是有創新精神的人做了社群的領袖。

在「孫文學說」中　國父又說：「自古製器尚象。開物成務，中國實在各國之先。而創作之物，大有助於世界文明之進步者，不一而足……」。又提及「化學之先祖，即道家之燒煉術也」。此與最近李約瑟在其著作「中國之科學與文明」一書中所述者同然。李氏說：「我相信，無論何人只要不辭勞瘁，讀完本書之後，將會覺得詫異，爲什麼歐洲在西元後一千四百年當中，從中國方面所取得的技術，如此之多，而大家對於這些技術的來源，卻又不甚了解。法朗士・倍根（Francis Bacon）曾說：

『我們對於各種發明的「力量」（force），「作用」（virtue）其所產生之「影響」，應予仔細觀察。然而世間有三種最顯著的發明，爲古所未聞見，而其始源雖則是在晚近，但其聲光並不赫奕，而其偉蹟尤未爲人們所歌頌。這三種發明，就是印刷、火藥和磁石。牠們的「結果」已把整個世界的面貌和事物狀態全然加以改變，第一種是文學，第二種是對戰爭，第三種則為對航海；而跟著這些發明的利用，結果引起無數的變遷；如此看來，世界上沒有一個帝國，沒有一個教派，沒有一個星宿比諸這些機械發明能夠對於人事發生過更大的力量和影響。』

「在培根寫這些話以後的幾世紀以內，歐洲人對於中國所獲得的知識，當然遠比他寫書時所有的較多，西方人士對于此種發明的意義，也應該具有較深刻的了解，然而他們對于這些發明的始源，卻從來未表示過適當的承認。」（註廿四）

四、文化創造與文化行政的界限

(一)文化與文化活動的意義

1. 文化的定義

文化的定義，據社會科學辭典所說，可以數到一百三十餘種，但為一般學者所接受的一個定義，是英國人類學家泰勒（Edward B. Taylor）在其「原始文化」

(Primitlive Culture)所界說的：

「文化是一個複合體，包括知識、信仰、藝術、道德、法律、風俗，和一切人類社會的能力和習慣」。數年後他又說：「文化是人類由生活經驗所獲得的智慧，使他有異於其他動物。」這與中國所謂「人者萬物之靈」可謂意義相同。蓋唯人類始有文化之創作，以其能營共同的群體生活，故能積聚經驗而成智慧，乃產生語言、藝術、社會規範和風俗習慣、法律、政治、社會制度等等。(註廿五)

蔣公說：「所謂文化者，並不只是指狹義的文藝、文物、文學等而言，乃是涵蓋了民族的精神、思想、心理、志節，以及政治的制度組織，社會的風氣習尚，與倫理秉彝的道德，乃至人民的生活言行，以及青年的洒掃應對進退鞠躬，皆在文化範疇之內，且莫不受其民族文化的影響的。」(五十七年慶祝　國父誕辰紀念大會致詞)

蔣公對文化所下的定義，可謂極周延而具體。

所謂「文化活動」，根據上面對文化的定義，乃指人類心靈活動的過程。泰勒說：「文化是人類由生活經驗所獲的智慧，使他們與其他動物有分別」。異于其他動物的智慧即是心靈活動的結束。故文化活動亦可稱之爲心靈或心智活動。它是因應客觀環境的變遷而不斷演化的，在文化人類學上稱爲文化的變遷，馬特克（G.P.Murdock）把它分爲六個過程，即㈠由於新文化模式的創造發明、發現而引起的革新；㈡傳播——異文化集團間的傳播、擴散及借用；㈢對新文化模式之社會的接納；㈣文化模式之全面的再改編與整合；㈤舊文化要素之消失、脱落、機能轉化，由新的要素取代其機能，亦稱爲選擇性的除，㈥新模式之傳遞——通過社會化來養成繼承者。（註廿六）

2.文化活動的意義

照文化變遷論的分析，創新是文化發展中的一個過程。一種文化與異文化接觸之後，必會引起社會內部的緊張，由緊張而採取應因對策。它可能冥頑不靈，讓自然淘汰的規律去支配命運。它也可能接納一部分新的要素，讓舊的要素或者脫落消失，或者轉化機能，然後文化的生命力量重新復元，來從事創新的工作。故「文化活動」云者實具有非常嚴肅的意義，借用古人的話，那是「放之以彌六合，卷之則退藏於密」的大智慧的心靈的創造活動。文學、藝術、道德、法律、科學、技術皆由此源頭而發，所謂形而上的「道」，與形而下的「器」亦同在此心靈之中。

(二)文化行政是什麼

政府對於文化的領域——國民大眾心智活動的領域，應該介入嗎？假定政府的適當服務被允許的話，則應提供那些服務呢？應該採取怎樣的態度呢？以下試就文化行政的性質與範圍加以探討。

1. 文化行政的定義

文化行政是政府所提供的公共服務之一。政府根據國家建設目標而定文化政策，再根據文化政策來訂出文化工作方案，由依法設置或指定的權責機關來提供文化服務給國民大眾。至於行政機關的職掌和作爲有一定的法則可循，其經費亦照正常的程序由主計、審計機關依法辦理，來支付並審查各種文化服務所需要的經費。因此，在理論上說，每一筆文化服務有關的支出，都因有其公共性、政府才能合法的予以支付。

2.文化行政的公共性與服務性

政府所提供的服務有一些是不能分割的，譬如國防、治安、國民教育、公園、古蹟、水與空氣的淨化、都市綠地、山川湖沼的管理維護、區域計劃等，這些屬於公共福祉的東西，都是供給全體國民去共同享受，或爲保護國民的安全和健康而存在，不可能照人口數字分割成二千萬份或多少份，平均分配給每人去享受。

公共和私人物質及服務不同之處，在於後者爲私人所產，他可能應市場需要而供應不同數量的物質和服務，乃是可以分割的。而公共財和公共服務則是集體性的，不可分割。

國民的一部份對於上述政府所提供的服務，也可能因某種關係而未蒙其利，先受其害的，譬如政府爲擴建馬路而拆遷其住宅庭園，則受害人應得政府的補償。

㈢政府的文化服務

1. 對文化資產的保護

一國的文化資產爲國民的共同財產，此一觀念已由多數國家予以接受而且由法律加以明文規定。如日本文化財保護法第三條規定：「政府及地方公共團體，應認識文化財係爲正確瞭解國家之歷史文化等不可或缺之物，亦係促進未來文化向上發展之基礎，應周密注意其適切保存，藉以貫徹本法律之宗旨。」該法第四條第二款又明文規定文化財之性質爲「貴重之國民財產」，因此國家與公共團體應愼加保存，並儘量將其公開，以期文化財之活用。文化因某種理由，可能由個人所有時（如祖傳之家寶、及自海外購回已告流失之本國文化財，或個人之收藏品等）。則政府及地方公共團體依法尊重其物主之所有權及其他財產權。

第四條各款規定：

(1)一般國民應誠實協助政府或地方公共團體爲達成本法律之目的所爲措施。

(2)文化財之所有者，及其他關係者，應體認文化財係屬貴重之國民財產，爲公共目的，應慎加保存，儘量將其公開，以期文化財之活用。

(3)政府及地方公共團體於執行本法律時，應尊重其物之所有權及其他財產權（註廿七）

我國文化資產保護法（民國七十一年五月二十六日　總統令公布）亦具相同的精神而明文規定了對文化資產之保存維護，宣揚及權利之轉移等項。其範圍包括古物、古蹟、民族藝術、民俗及有關文物，自然文化景觀等。

國際間對於文化資產之保護亦至爲重視，曾召集多次國際會議，討論有關各國文化資產之保護，修復和研究等問題，如一九三一年的雅典會議，由國際紀念物等遺蹟委員會召開，發表了著名的雅典憲章。一九六四年的威尼斯大會，發表了威尼斯憲章，一九七五年的阿姆斯特丹會議，製定了歐洲建築遺珍憲章，一九七六年由聯合國召集的耐洛比會議，針對史蹟區以及它對現代所扮演的角色提出建議。認爲史蹟乃人類日常生活之一環，它是過去的新鮮而生動之表象，亦爲多樣化社會心靈活動之所需。（註廿八）

2. 對現代創作的獎勵

新的創作視爲智慧財產，依著作權法，其作者應享有著作權益的法益。我國著作權法第一條開宗明義規定：「爲保障著作人著作權益，調和社會公共利益，促進國家文化發展，特制定本法」。這是指明文化活動的社會的集體創作，也牽涉到多方面的利益關係，但是創作人獨享有法律的保護，因爲文化創造是人類心智活動的最高表現，對國家的文化發展具有重大貢獻，所以國家爲前述目的應依法律保障其權益。

第三條第一項規定著作的定義：

「著作：指屬於文學、科學、藝術或其他學術範圍之創作。」亦即包括語文、音樂、戲劇、舞蹈、美術、攝影、圖形、視聽、錄音、建築、電腦程式等著作，甚爲廣泛。

第三十條規定：「著作財產權，除本法另有規定外，存續於著作人之生存期間及其死亡後五十年。著作於著作人死亡後四十五年至五十年間首次公開發表者，著作財產權之期間，自公開發表時起存續十年。」此外，對衍生、編輯、表演、共同、別名、不具名等著作，及法人爲著作人之著作，也依情況分別給予適切規範及保護。而文化國家每一國民都有可能成爲創作人或作家。

3. 對國民大衆的服務

文化行政的第三項重要的服務是站在國民全體——包含一般消費者，如購讀者、觀賞者、收聽者的立場，來保護其利益。民主國家的文化政策在平時不採取檢查制度，除非爲了非常時期國家安全的理由。我國以前雖處非常時期，但我們的文化政策是採取一般民主國家的措施：

(1)以維持資訊管道的暢通爲主要手段，使庸俗低劣的作品不致泛濫成災，來阻塞健康的流通，而避免污染風氣。

(2)培養國民的欣賞品評的能力，使能充分發揮其固有的心智，才能，並接觸高品質的創作來分享作者的智慧及其在創作過程中湧現出來的驚嘆喜悅之情。

(3)喚起國民大眾的良知，社會責任感、文化使命感。並以同樣精神倡導文化人團體的健全發展，互勵互勉，以自律與倫理來不斷自我超越，達到心靈創作活動的高峰，使一般國民大眾不斷地有機會來欣賞其健康、優美的作品，而豐富其精神生活的內涵。

（附件）

文化創造與文化行政之特質比較表

文化創造活動	文化行政
目的性	工具性
原創性	服務性
主體性	功能性
心智（或專門技藝）活動性	管理技術性

五、創造性的文化政策

㈠創造的社會條件

文化是人類創造的累積，也是社會的集體創作，但創造必賴個人的特殊資產，在適當的環境下與群體相應作出有效的努力，才能完成。創造不能在眞空中出現，人類的任何發明、發現、創作、革新都不能離開與群體相應的互動關係，而突然宣布奇蹟式的成就。這樣的奇蹟也許祇能期待上帝的神力，但決不是人類社會的創作。人類的心智活動有其必需的條件：

(1)問題意識。特別是令他最苦惱、最難解、最關切的問題，而這些問題乃是受社會直接或間接的暗示而提出的。一個作家如能正確掌握事理的核心，提出精確的問題，則其成功的機會亦愈大。

(2)思考的質料必須取之於社群。懷海德曾經打趣地說，遠在阿基米德時代我們也可能產生工業革命，但是那時萬事俱備，只欠東吹——茶與咖啡。希臘人尚未養成喝茶的習慣，所以要等到蘇格蘭的瓦特（James Watt）注視茶壺滾開而發明了蒸氣機。

(3)社群的需要。譬如紡織機在一五二九年已爲繆勒（Auton Murler）所發明，只因當時手織的布匹已足供應市場需要，故時人竟斥之爲異端，而繆勒遂遭酷刑。經過兩百多年之後，印度新航線發見，美洲新大陸發見，海外殖民地需要英國的紡織品，于是手工業品供不應求，乃引起紡織機之陸續發明，如一七三八年葛伊（John Kay）的飛梭，一七八五年哈格雷（James Hargreaves）的動力紡織等等，其間一七八一年瓦特發明蒸氣機而四年後應用於紡機，遂引起所謂工業革命。

(4)主體意識。在個人或集體的創作過程——心理學家稱之爲孕育時期——都由社會給他命題，提供給他質料，給他壓力讓他苦思焦慮，尋求答案。假使他沒有主體意識，不認爲自己是一「思考的蘆葦」，能以心智來應因社會的要求，則創造亦不能產生。柯思德勒（Arthur Koestler）提到阿基米德的故事，說有一天他的保護者，薩拉寇的暴君叫做茜伊羅的，得到臣下送給他一頂金冠，他懷疑它是假的，于是叫阿基米德去檢驗，但是阿自忖除非把金冠熔成金塊放在計器上計算它的分量，否則他找不出別的方法來證明它是正假。他左思右想，怎麼也想不出好的辦法。有一天晚上，他照平常習慣洗了溫水澡，當他沉重的身體進入滿盛溫水的浴盆中時，水就漲起來，忽然靈感觸動了他，爬出浴盆他就發現了水的張力與他的體重之關係。何以阿基米德不能早一點發現這個簡單的原理呢？乃因他的思想主體還沒有和問題意識連接起來的緣故。有些發明是直覺的閃光一現，有些卻是廢寢忘食，夢寐以求的狀態下得道的。譬如當代的法國畫家古克陶（Jean Cocteau）在戒煙毒時期所作的人物，就像一枝罌粟的枝幹。十七世紀英國醫生哈維（William Harvey）有一天解剖一活魚的心臟，當他從解剖台跑下來時，就畫出一個喞筒的形狀。這些都是由聯想所產生的發明。（註廿九）

㈡如何建立有助於文化創新的環境

文化行政是對文化創造提供適當服務而設，則如何始能幫得上忙？怎樣的服務才算適當？

前章已提及三種基本服務，即㈠對傳統文化資產之保護發揚；㈡對現代創作之獎助與著作權之保障；㈢資訊管道之暢通，文化產業之自律與品質改進，以及社會責任感之強化等等。

本章將再就創造性的行政問題，分兩方面加以討論：甲、如何建立有助於文化創造的環境，乙、如何使文化創新的精神落實於生活之中。

1.保障作家的專業活動

作爲主體的文化人，要讓他的天才獲得分發揮的機會，則首先必須讓他有表現其創作生命力的舞台，但更重要的是讓他有寫作、練習或試驗的場所，如文藝作家的書齋，科學家的實驗室，舞蹈家的演練場、畫家的畫室。

2.促進專業社團之健全發展

其次，必須讓他有志同道合的一群同道，知己、同僚，能夠各就其所從事的工作領域，結成一個科學社群，藝術社群、文學社群、學術研究社群等等，分工合作發揮其專業精神。文化行政單位應針對此項需要鼓勵專業社團之組織及其民主化的健全發展。其已成立者應協助其強化。我們必須了解：在文化創造的大事業中，從事創作的人，才是主體，行政人員應以服勞代替輔導。

3.培養文化人口

作家需要知音，也就是說要有普遍的文化人口來欣賞其作品，才能使他更有活力來繼續不斷地創作。目前已有成績的若干措施，如文藝季、民間劇場、文化廣場、文化列車巡迴圖書館等等都可以繼續擴大辦理。以後還應鼓勵私人經營的美術館、圖書館等。

4.增進作家與不同專業領域的交流

再其次，必須讓作家有更多機會去體驗不同階層、不同職業與不同領域、不同文化背景的科學家、藝術家、思想家、文學家交流生活經驗和意見。

針對前述四項需要，文化行政單位應採取下面的幾項措施：

(1)創設藝術院，提高作家社會地位，建立各文化領域的專業化體系。

(2)提倡公共藝術，美化都市景觀。

(3)設立實驗劇團，大力改進電視、影片的創作內容與風格。

(三)如何將文化創造精神落實於生活

將中國文化精神落實於生活之中，是我們一致認同的主張，在這方面陳奇祿博士多年的努力和貢獻應該得到肯定與讚佩。他在民國七十年十一月題爲中華民國現階段的文化建設的專文中說：

—關於文化發展的基礎，首先我想先談文化和生活的關係。前些日子，我參加中央月刊社所主辦的一項「以各種途徑促進社會融合」的座談會，參加者有一位曾昭旭先生，他說了一段話，我想引述在這裏，曾先生說：「中國的文化，向來就不是用概念系統來保存的，而是用生命、生活、風俗習慣，以及一個個具體生命來保存的，也就是用整個民族來保存的。這就是爲什麼說要保存中華文化，就必須使中華民族不要變質的主要原因了」。「對西方人而言，埃及希臘文化並未消失，我們仍可由柏拉圖、亞里斯多德的著作中讀到，但我們在今天希臘人、埃及人的生命中，卻已嗅不出當年希臘、埃及文化的氣息了。這是因爲他們的文化與整個民族的生活分開，文化形成一純粹概念系統。但正因爲所有的概念都是很嚴整的系統，除非將這個系統打散後再重新組合，否則，這個文化系統是沒有包容性的。」「相對地，中華文化是用生命來保存的，而生命是靈活的、有彈性的，因此，新的觀念、新的思想都可以融入這個大生命之中。所以，自古以來，中華文化之所以富於包容性，正是因爲中國人一直不強調將文化作一套抽象概念系統的緣故。」

——我非常佩服曾先生的見地，曾先生的說法是很正確的。但是如果用人類學的觀點重新詮釋曾先生的這段話，也許我們可以說：中國人保存在生活裏的纔是眞正的文化；希臘人、埃及人保存在概念中的只能說是思想或學問。外國學者研究希臘古代哲人的哲學思想，不必就是希臘文化的傳人。如果研究希臘文化的只是外國人，沒有希臘人，那麼，雖然希臘文化的研究專家，希臘文化還只能說是滅亡了。相反的，也許某一小地方沒有學富五車的中國大學問家，但如果那個地方的居民都能恪遵篤行我中華傳統美德，誰又能說中華文化不在那裏呢？（註卅）

但是如何落實於生活？這是我們需要進一步研究的問題。

首先必須檢討過去何以不能落實的原因。我認爲兩個最重要的原因是：㈠士大夫階段不能與群體互動交應，以致生命力的總源與藝術精神無法相關而創新文化。㈡文化主體性喪失，以致心智才能無可寄託之處。牟宗三教授，故方東美教授、故唐君毅教授對此已有非常精闢的分析。我現在想率直陳述我的意見：

1. 作家與群體應互動而交感。

個體與群體，創性與常識之間，有時存在深刻的矛盾，個體如不認同群體，那末他無法取得群體生命力之滋養，以致逐步斷陷於衰弱、虛脫、僵直，而最後只剩下驅殼一形式。此即斯班格勒在「西方之沒落」一書中所說的文化的死亡。亦即湯恩培所謂文明衰亡後的「化石」現象。

把文化分爲精緻文化與常民文化，可能是學問研究上所用的技術用語，但在政策的層面上，我們應讓兩者接近，使之發生互動交感的關係，作家儘量從群體中吸取旺盛的生命力，以豐富其創作的內涵；同時讓一般國民對知識分子的創作發明有理解、有關心，有欣賞的能力和興趣。兩者的關係接近到所謂「二人同心，其利斷金，同心之言，其臭如蘭」的地步才算是落實於生活。

2.文化主體性之肯定

處今日之世，必須加強國際交流。一國文化無法在閉鎖的體系中發展，亦不能避免與異文化的接觸，接觸的層面和程度愈廣愈深，則所受的挑戰愈近愈切。但是，如果我們失去立場，放棄了本國文化的主體性意識，則必致隨波逐流，進退失據。歷史上曾有許多光耀一時的文化體系，因爲不能面對自然劇變或外力侵入，或內部分化，而作出創造性的反應，以致失落在時光的洪流裡，而成了千古絕響。因此文化主體性的認知與信心不能喪失；否則，文化的適應功能、創新功能、融合統攝的功能都無法談起。皮之不存，毛將焉附？只有堅持本國文化的主體意識，才能寬以容天下之物，密以藏人間之美，從根本中發生生命力以開創文化新機。易繫辭：「尺蠖之屈以求信也。龍蛇之蟄以存身也。精義入神，以致用也，利用安身以崇德也」，恰可借來解釋民族文化的主體性。要知昆蟲和龍蛇都懂得自存之道，則萬物之靈的人，更應極精微而窮奧妙，到達神而化之的境界，以致用安身、崇德、立命的精神來創造新文化。

3. 加強國民倫理教育

落實生活的第三個途徑，應該加強國民的倫理教育，了解他既是國家的主人，則他應該自覺其對國家之責任，來珍愛，保護國家的文化。

我們的社會現正處於劇烈的變遷過程中，因文化失調所引起的個人脫序行爲，因疏離感和挫折感所造成的精神迷失，使不知多少青年應可成爲國家建設的力量者，而不幸彷徨自失，成了社會的一種負擔。有志青年應該自發的起來組織各類工作小組，深入里巷，去尋回那些迷失的朋友，給予他們熱情的照顧。（註卅一）

六、未來文化政策的探索

㈠未來學對文化生活的探索

一般從事未來學研究的人，大多著重於經濟發展，因爲近四十年來的各國經濟成長經驗，已經獲致幾乎近似的指涉架構，有了相同的統計指標和計算方法，哈馬．康（Herman Kahn）的赫德遜研究所（Hudson Institute）所作的預測報告，和卡特政府時代所完成的公元二〇〇〇年全球報告（註卅二），可說都以經濟爲其主要內容，其手法也是採用經濟理論上的普遍法則，再加上數學模型來推算未來的發展弧度，譬如全球報告所採用的指標不過十二個，即人口、國民總生產、氣候、技術、食糧、漁業、森林、水資源、能源、燃料礦產、非燃料礦產、環境等。

至於社會和文化方式的預測，卻不多見，原因可能是這方面的學問，目前還認爲它是屬於人文和社會科學的領域，而社會科學的現狀，雖說大家都在努力實驗科學化的手段如行爲科學，社會調查、計量方法、以及從心理學借用來的認知理論、角色、模擬等，但尚未能建立一個爲大家所接受的理論系統和技術。社會、人文科學家的未能及時交卷，有一根本困難，那就是社會和人文科學是以研究人爲主要對象，人類集體創作文化，而人類的創新力不斷發展，故人文科學現象之複雜性非少數幾個變數可以涵蓋，亦不易量化，即予量化，則因人的心理構造有理性部份，亦有非理性的部份，而根據佛洛依德的性心理解釋，人的潛意識又常常支配他的行爲，故量化的材料雖可滿足學者的好奇心，但尚難判定它的精確性和解釋性，尤其對於長期性的預測爲然。

美國於一九七〇年成立「國家目標及方案中心」，可說是在總統支持之下從事社會設計的一個機構，要求其針對下述四個問題提出報告：㈠如何理解社會變遷，解釋現階段的歷史意義，以及預測政策行動的結果；㈡如何探測可達成的社會選擇之途徑；㈢如何對價值選擇和目標選擇的基本作最善的清釐。㈣如何認同、評價及實行所選的政策和方略。但以美國人材之眾，設備與統計資料之完備，而其主席哈曼（Willis W. Harman）仍感力不從心（註卅三）。他的困難，倒並不是研究經費不足，也不人才難求，據他自己報告，他們感覺缺乏堅實的「知識」足以讓國家依循著它的指針前進，由此可見預測未來乃是一個嚴肅的勞作，決不是輕鬆的猜謎。

㈡文化生活的探索範圍

研究未來的文化政策，必須先縮小範圍爲「政府對未來國民生活應做的準備工作」，較易著手。這裡面包含三個層次：

1. 國民生活的未來像。

2.爲適應新的生活方式，政府在文化政策上應取的方向和方略。

3.在此方向的導引下，其先期的行政措施爲何？

而要開始第一個問題以前，必須先解答另一個大問題，（我們把它列爲第4.項，只是爲了行文方便計）這第四個問題是：

4.決定未來國民生活的因素爲何？

實在說，任何一篇有關未來預測的論文，其結論後面都寫了一個大大的問號，未來的變化對我們的社會和我們的生活引起怎樣的影響？在變遷的生活環境下，人的心智將沿著那種模式運行？如果眞有模式可以歸納的話。如果文化人類學家所提供的文化模式不足以解釋現代人的文化現象的話，則我們應該用什麼方法來分析、解釋、預測人類文化的前途？

文化是人類社會的特殊現象，因爲只有人類才能創造文化。而文化的變遷有時三至五年就有一大變化，（註卅四）有時一年有一變化（如服飾的流行）但人類本性之中卻有數萬年甚至數十年前原人的野性。以是摩根（L.H.Morgan）的「古代社會」（Ancient Society 1877），馬林諾斯基（B.Malinowski）的初步蘭島原始民族（The Spirits of the Dead in Trobriand Islands, 1954, Sex and Repressim in Savage Society, 1927），及米特（M. Mead）所著「薩摩亞人的成年（Coming of age in Samoa, 1928）到現在仍有許多學者引用這些原始人的野蠻風俗來解釋現代人的政治、經濟、社會行爲的原型。照這樣看，人類確實是喜新多變，而又不肯長進的物種。人之喜新與厭變，究在何處求得焦點，而獲致平衡，學者迄今亦無定論。

㈢新世紀的文化生活

1. 經濟結構

根據行政院經建會對未來人口勞動力與經濟成長的估計，至新世紀，台灣地區人口將達二二、七八五、○○○人，成長率○・八九％；以民國七十三年爲基數，就年齡層來分析，幼年組（〇—15歲）減少，由民國七十三年的三〇．四%減低爲二三．八%，老年組（65歲以上）增加，由四．八%增至七．五%，青壯組（15—64歲）增加，由六四．八%增爲六八．七%。我們的經濟結構，農業降到三．八%，工業維持在四〇．三%，服務業爲五五．九%。個人分配所得將達一萬三千美元，比民國七十三年增加爲四．三倍。（俞國華院長於七十五年九月二十三日對立法院報告）

在此以外，我們還當考慮到未來十四年間科技發展，內外政治情勢和生態環境給予國民生活的影響。

2. 醫學與遺傳工程

科技發展方面，首先得研究世界尖端科技的現狀，特別是遺傳工程，材料科學、醫學、生物化學，地球科學以及資訊工業之發展。而每一種發明都將爲人類帶來極大改變。醫學方面的器官移植，人工受精，植物人與安樂死，都已由純粹的醫學問題變成爲新的立法問題。遺傳工程的奧妙無窮，可能改變整個化學和物理世界的面貌。

筆者友人在美研究遺傳工程，據稱，此項科技目前發展極速，它不但對我們的產業構造，也對我們的人生觀、宇宙觀，對我們的壽命、對我們的法律、政治、社會制度都可能發生極大的震盪，因爲遺傳基因如果能以科學技術改變的話，則天才兒童不必通過試管去授精，罪犯和低能兒都將大大減少，柏拉圖的理想國不再被人譏爲書生之空想了。筆者對此乃門外漢，姑誌其言如上。

3. 資訊社會

資訊工業也許與我們的生活最爲密切。在美國，正在研究推展一種聯接電視、電話、電腦、衛星傳播站爲一線的新媒體。（註卅五）又傳美國正計畫在紐約市曼哈頓南邊八公里的斯塔登島建立所謂電信港（Teleport），充分使用光纖和通信衛星的威力，使聯線成爲世界上最強大的資訊收發網，可以同時收集世界各地的實況情報，或發報出去。

據傳日本亦在積極推動類似的計畫，郵政省所提出的叫做「未來型高度情報通信都市」或「高度情報通信系統」，通商省提出的叫做「新媒體社區」（New Media Cnmmunity）以建立高資訊社會的雛型爲其構想的目標（註卅六）。據資料所載，其功用可分十三項。（請見附表）

高度資訊社會的功能

生活（個人家庭）	①實現豐富的生活 ②提昇醫療福祉 ③因應學習、教育上多樣化的需要 ④防災、安全之確保
地域經濟（產業企業）	⑤地域產業之振興 ⑥資訊產業之發達 ⑦農業之近代化 ⑧省漁源省能源之促進
地域社會（行社社區）	⑨地域社區之形成 ⑩過疏過密之解消 ⑪地方自治之自立化、效率化 ⑫交通之暢通化、效率化
國際化	⑬促進地之國際化

4. 知識產業

全球性、立時性資訊網路的開設，四合一（電視、電腦、電話、衛星傳播站）聯線系統的完成，個人電腦的普及，使未來的產業將出現新的型態，恐非「服務業」三字所能涵蓋，因爲第五代電腦已有相當的知性，爲我們收集情報、記錄和整理文件及記憶、運算和決算，它已能替代一部份的人力和腦力。聯合國教科文組織的文件把它稱爲文化事業，我們認爲是適當的。據張建邦博士在其所著「預見未來」一書指出：

「經濟的制度，也變成了知識經濟，據估計知識生產在一九五五年佔了美國生產毛額（GNP）的四分之一，這已是一九〇〇年的三倍，一九六五年佔三分之一，一九七〇年後佔到二分之一。」（註卅七）

知識產業在國民經濟中的比重，既如此之高，是否表示具有創造能力的人，已經得到適當的分配？創造者的潛能是否已經發揮了最高點？這都將是未來政治上重要的問題。至於資訊社會對個人隱私權的影響如何？資訊媒體由印體字變爲電子傳播的畫面，是否構成人類思考習慣上的改變？電腦、電動遊戲、電算機，對於兒童心智的發展有幫助還是妨害？目前學者們亦尚無定論。這些問題都將成爲我們今後繼續探索的課業。

根據以上分析，我們認爲今後十四、五年間台灣地區的國民生活型態將表現爲下述數個特性：

⑴擁擠化——人口激增且集中都市，使生活空間顯得十分擁擠，綠地面積減少，生態環境的污染情形可能到今天已達於最惡劣程度，十四年後的水、空氣、綠地可能較今天清潔、安全、美觀，但國民生活方式依然充滿壓迫感、緊張感，如果社會集團間利害關係缺乏調適，則個人的精神生活將感受更大的、無名的、隱伏的壓力。但因政府在民國六十年代，即自蔣故總統經國先生擔任行政院長時代開始，即已注意並提出文化建設的計畫，而在民國四十年代，先總統　蔣公發

表「民生主義育樂兩講補述」，對於現代社會的發展，已有睿智的設計、和遠大的指示，再鑒於我們國民的優秀資質，和富於創造性的文化背景，個人在急劇變遷的社會中，必能發揮其潛能，而謀求適應與創新。

(2)成熟化——我們的人口結構因老人增加，將使社會趨於成熟，而同時少壯層會變得又成熟又充滿生命力，以之克服挑戰，應該綽有裕餘。從文化的層面來說，溝通二代間的意見，交流不同的經驗，從而發現新的觀念，途徑、方法、技術，以改進個人和社會整體的生產與生活方式，應該是一個可能的理想。因此，未來的社會福利設施，不宜採用西洋的方式而將老人收容於老人院或別置資深的公民院以養之，我們的設計，應從積極的方面著想：①縮短代間的距離；②增加代間的關係；③善用老人的經驗和智慧於適當的崗位——如社區的教化工作、里巷的聯繫照顧，公園、圖書館的管理工作等。④推進成年人的「再社會化」——即自我學習運動，使學習進修成爲一種風氣，以充分發揮個人的潛力。

(3)都會化──誠如張建邦博士所預測的，「高速公路、鐵路電氣化、高雄港及中鋼、中船等重大建設的完成，將加速高雄、台南數大都會的形成，而與大台北都會區形成了兩極化的發展趨勢」。「由於人口增加，使得縱貫線上的城鎮聯成一體，很可能變成一個台灣西部的區域（Megopolis），更由於政府推行區域發展計畫，東部的潛力亦將在新世紀時發展成為第二個都會區」。而東西兩邊的城鎮，因地方文化中心的藝文活動不斷改進創新，在十四年後接受了今天文化建設鼓舞的青少年，屆時將脫穎而出，嶄露頭角，表現出百花怒放，欣欣向榮的場面，因而將修正地方行政的重點而提高國家形象。

從文化的層面來說，未來的台灣將沒有田園和都市之分，欲求田園之樂，近乎奢望，因此唯一的辦法是化都市為田園。但歷史倒退既不可能，則次善之道只有在心中創造一個美麗的田園。阿拉伯民族受困於四面八方的沙漠，因而產生了美妙的「天方夜譚」。生長於新世紀的人，既然不可能醉心於夢之田園，則只有珍惜我們還能享受到的一草、一木、一鳥、一蟬，每一塊綠地、每一個湖沼、每一條河、每一座山以及山上的森林，……我們需要歌頌大地的詩篇、小說、散文，讓大眾都來愛護這美麗的寶島。

(4)資訊化——美、日（將來可能尚有其他國家參加）正在推動高科技，高資訊社會計畫，前文已有論及。這些計畫至新世紀必已完成，而開始其世界性的活動，那時，我國的資訊工業已臻技術成熟階段，這將使我們的國內和國際環境都充滿資訊。在一個開放的社會裡，國民生活必充滿了多樣化、分歧化的選擇機會，則商業廣告、政治宣傳、宗教、社會、以及其他局部的利益集團，都會紛紛利用大眾傳播來推銷自己的觀念和產品，因而更使資訊社會由「充滿」而「泛濫」，而造成「資訊疲勞」，使接受資訊的人感覺五光十色，莫知所從，故預料十餘年後的社會，其面臨的價值問題將更形嚴重。

從文化的層面來看，資訊的功能在于迅速的擴散和迅速的集中，而如何充分運用此大量集中的情報，以產生所希望的價值，則資訊便不致變成一種奢侈的浪費。要達到此一目標，必須先使資訊通過選擇、整理而成爲可用的資源，故 Cybernetics（領航學或操縱學）方面的知識，恐將成爲現代化國民必需的修養，否則誠恐將爲資訊之海所淹沒，而不克超渡彼岸。

(5)程式化——電腦對人類的影響前文已有論述，現在要進一步討論十四、五年後的情況。那時，電腦已成爲我們生活中的一項必需品，因爲我們親友的地址、生日、電話號碼，我們銀行的存款，業務上的種種資料、學術論文的索引、摘要，也都被這方寸之地的軟體所保存著，因此我們得學習電腦語言，以便和他交談，熟悉不同程式 BASIC、WORSTAR、FORTRAN、COBOL、PROLOG……以便和它爲友，叫它做事。但如人類養成了習慣，非依賴計算機不能作簡單的數學運算，甚至像目前有些電腦兒童，他們可以熟練地玩電腦遊戲，卻不能做加減乘除較複雜的演算。未來的兒童是否會普遍產生這樣的現象？我們成人是否會被電腦程式所控制？基此考慮，故學者皆主張今後應加強學校、社會和家庭的藝術教育，人文教育，以培養國民的心靈文化。

但程式化的影響恐怕是非常深遠，因爲電腦既然成了我們日常生活的一部份，而且我們必須用它的語言，才能借用它的「智慧」，則程式的結構雖是採取了人工智慧的模式，但在國際化已經發達的二十一世紀，這程式也一定是其他國家所採納的機器語言，故可以說未來的程式化社會，必有一種國際語言，它包含了不止一國的語言結構，因此它也不代表某一國家人民特有的思想方式。這是否以進一步的推論：程式化的社會愈發展，則它對於一國原來的語言結構、甚至思想方式都可能引起某種程度的影響。

從文化的層面考察，我們認爲上述推論可能是無法避免的趨勢。但以中國文字之簡潔，形象之美，單字、單音、方塊、結構單純，在適應未來電腦社會的生活中，我們屬於強勢的地位，故不必憂慮過甚。但同時，我們必須了解所謂程式化，即是理則化、邏輯化、理性化、科學化，假定我們缺少了此種精神，那倒眞要被電腦牽著鼻子走，而苦不堪言矣。

因此之故，除了培養心靈文化以外，同樣重要的是培養邏輯思考、理性態度和以科學方法解決問題的精神。唯有這樣，我們才不會因電腦代勞而偷閒作樂，依賴程式而喪失了自己的心智活動能力。

(6)專業化——社會愈進步，分工愈精密、專業化的程度愈高，科技系統乃將處於較今更爲重要的地位，因爲社會大眾所關切的是切身的利益，而在新世紀的國際化、高科技社會中、競爭是那麼尖銳，技術的變化是那麼迅速，人人徒求當前切身問題的解決，而不計明日的結果。此未來社會的大眾可能是更現實、更善於計算、更理性、更富有專業精神，更以自我爲中心，也更關心世俗化的享樂，筆者無意對此種趨勢加以價值判斷，但有一種已甚顯明的跡象可以在此陳述，即政府決策與議會參政將借重更多的專業人才去參與政策立案和立法的過程。因此，街頭政客將不再容易譁眾取寵，他們將自慚形骸而自生自滅。

在專業化的社會中，科學家、藝術家、思想家、文學家、宗教家、記者、作家……都是從事心智創作活動的專業人員，他們的產品爲一切創造力量的源泉，故科學、藝術、文學……專業化的組織，應促其健全發展，以協助政府和人民大眾來建設二十一世紀的新社會。

(7)國際化——經貿、文化交流爲促進國際和平最有效的途徑，亦爲刺激國內進步革新的一項變數，今天我國的經濟成就已開始對世界作出貢獻，譬如我們的榮民工程隊替許多國家建築公路、橋樑、港口、機場、公寓、市場。又因爲我們以價位合理而品質佳美的工業產品供應國際市場，而獲得先進國家對我經濟地位的肯定。

中國文化精神在可大可久。可大，以其有創造，隨處存養，故永無山窮水盡之日，每天都有一個黎明，每年都有一個春天。預想十餘年後的我國與世界的關係，將愈趨緊密化。

國際化的新世紀，應該是中國文化大行其道的開始，在此方面我們應談：

①大量的、忠實的輸出優美的中國文化，我們的藝術家、學者、文學家、畫家、記者應經常的出國訪問促進交流。

②應該以「善與人同」的理念，研究、創新現代文化。譬如在科學與藝術結合方面，現在已有所謂雷射藝術、電子琴，醫學方面有雷射手術，在表演藝術方面有利用科技的舞台設計。雖然以上所舉都無非是應用技藝，但我們應發揮中國人的智慧，就科學與哲學、藝術與科學、哲學——藝術——科學——技術四方面的結合溝通，來嘗試新的工具，發展新的領域，創造新的風格。

③各地文化中心應廣泛地與世界其他國家的文化中心發生交流關係，使文化中心成爲我國文化的一個窗口。

附註

註一：Webester's Collegiate Dictionary, The Commercial Press, 1933.

註二：Thomas Kuhn, The Structure of Scientific Revolutions, Univ. of Chicago Press, 1970（科學革命的結構，孔恩著，王道還編譯，新橋譯叢，吳氏基金會贊助，p.254）

註三：J.P.Guilford, Trait of Creativity, in H.H. Anderson(eds), Creativity and Its Cultivation, Harker, 1959, pp.142-161.

註四：郭有遹，創造心理學，增訂版，正中書局，台北，民國七十二年，頁六五～一〇〇。

註五：Karl R. Popper, Conjectures and Refutations, Rainbow Bridge Book Co., 3rd Ed., 1969, p.128.

註六：Arthur Koestler, The Act of Creation, Pan Books, London, 1969, p.141.

註七：Carolus Linnaeus,十八世紀瑞典自然主義發見，稱之爲 Homo Ferus,野生兒，見 R. Benedict, Patterns of Culture, Boston, Honghton Mifflin, 1934, also Ref. Neil, J. Smelser, Sociology, Prentice-Hall, Inc., New Jersey, 1984,p.19.

註八：René A. Spite, "Hospitalism" in Rose L. Coser(ed.), The Family and Functions, New York, St. Martin's Press, 1964,pp.399-425.

註九：T.Kuhn, Ibid,中譯本，頁二四三～二五八。

註十：前引書，頁二五四

註十一：Columbia Encychopedia, "Conducting," 5th Printing, , New York, Columbia Univ. Press, 1982,p. 1581-2.

註十二：Dialogues of Alfred North Whitehead,（懷海德對話錄，普萊士編，黎登鑫譯，台北，志文出版社，民國七十三年，第三版，頁二〇七）

註十三：前引書，頁二〇六。

註十四：H.S.Hughes, Consciousness and Society,（意識與社會，李豐斌譯，台北，聯經出版，民國七〇年，頁三九）

註十五：前引書，頁一〇七～一六四。

註十六：谷寒松教授講「今日中歐的哲學思想潮流」，（徐夢麟記）東吳大學哲學系出版「傳習錄」，第四期，民國七四年，頁三二〇。

註十七：張君勱，新儒家思想史，台北，弘文館，民國七五年，頁二九九。

註十八：Willis Harman and Howard Rheingold, Higher Creativity, Jeremy P. Tarcher, Inc., New York, 1984,pp.74-75.

註十九：李約瑟著，陳立夫主譯，中國之科學與文明，商務，台北，七一年，第十四卷，頁二二～二三。

註二十：余英時：中國思想傳統的現代詮釋，聯經出版事業公司，台北，民七

六年，頁四八～四九

註二十一：牟宗三，徐復觀，張君勱、唐君毅：爲中國文化敬告世界人士宣言，載於張君勱：「新儒家思想史」附錄一，弘文報，台北，民國七五年，頁六二一～六七四

註二十二：南懷瑾、徐芹庭註譯；周易今註今譯，商務，台北，民國七二年，頁四一五

註二十三：屈萬里，尚書今註今譯，商務，民國七一年，頁二～二〇

孔秋泉，當前地方文化建設的要務，中央日報，台北，七三年一月十九日。

註二十四：李約瑟著，陳立夫主譯；中國之科學與文明，第一卷，商務，台北，民國七〇年，頁三〇

註二十五：Charles C. Kung（孔秋泉）,An Approach To The Asian and Pacific

Regional Integration, Proceedings of The 1st ASPAC Semminar, ASPAC-CSC, Seoul, 1969,pp. 193-200; also A.L. Kroeber and Clyde Kluckhohn, Culture: A Critical Review of Concepts and Definitions, 1952; and J. Gould & William L. Kolb, A Dictionary of the Social Sciences 1964,p. 165-168.

註二十六：G.P.Murdock, Culture and Society, University of Pittsburgh Press, 1965；蒲生正男、祖父江孝男編文化人類學，有斐閣，東京，一九八一年，頁一四三～一九九；also see E. B. Taylor, Primitive Culture - Researches into the Development of Mythology, Religion, Language, Art and Custom, London, 1913, Vol. 1,p. 23; V. Gordon Childe, Man Makes Himself, Mentor, New York, 1952,p. 17; B. Malinowski, The Dynamics of Culture Change, Yale University Press, New Haven, 1945,

其中第六章尤值注意，"The Principle of the Common Factor in Culture Chang"該書雖以非洲爲個案研究主題，然對於土著文化接觸到外來文化後的變遷過程及其因素，予以科學分析，較晚近的研究似趨向於建立一個社會文化變遷的系統論（Toward a Composite Theory of Socio-Cultural Change）見 Roger M. Keesing, Cultural Anthropology, Holt, Rinchant and Winston, 1975.

註二十七：孔秋泉，日韓的古蹟維護，行政院文建會古蹟維護研習會教材，民國七三年；及日本「文部法令要覽」昭和五六年版；文化廳「文化財保護實務必攜」，第一法規，昭和五三年，頁三～一七。

註二十八：葉庭芬「西方社會史蹟保存之沿革與相關問題之初探」，行政院文建會委託，民國七二年

註二十九：Arethur Koestler, The Act of Creation, Pan Books, London, 1969,p.

182.

註　三十：陳奇祿：民族與文化，黎明，台北，民國七一年，頁七九～九〇

註三十一：牟宗三：中國文化大動脈中的終極關心問題（聯合報聯副重要學術文章特載七十二年九月二十八日至十月五日）及行政院文化建設委員編印「一九八四年北美華人學術研討會第八分組討論背景參考資料；行政院文化建設委員會、研究發展考核委員會編印「中華民國七十五年國家建設研究會第三分組研究題綱及背景資料」。

註三十二：Gerald O. Barney, Study Director, The Global 2000 Report to The President, Penguin Books, New York, 1982.

註三十三：Ibid.,p.699.

註三十四：Augustin Girard, Cultural Development: Experiences and Policies, 2nd Ed., UNESCO, 1983,p.164.

註三十五：Rushworth M. Kidder, "The Impact of Video Culture," in Dialogue, No. 72, 2/1986, Washington D.C.

註三十六：コンピュートピア Computopia, Tokyo, Feb. 1984.

註三十七：張建邦，預見未來——未來研究的基礎理論，淡江大學，一九八六

（本文曾載淡江學報第27期，因著作權法修正等，略做文字調整）

後記

本卷封面繪畫原爲余追慕先師之作品，題曰山高水長，先生之風，今姑移此，亦適足表示對大千先生之敬意。

稿成之日，文卷山積，承楊正雄君協助整理編輯，情殊可感。楊君早歲雅好斯道，才華傑出，旋致力于知識產業之開發，鼓吹創造革新，並以其現代管理科學之專家立場推展新風，斐然成章。

本卷原稿承前歷史博物館館長何浩天兄之校閱，並蒙其多方鼓勵，謹誌謝忱。

本書之出，承行政院文化建設委員會之資助，並蒙陳主委郁秀女士及劉副主委萬航兄之鼓勵與期許，敬申由衷之謝忱。

摯友張副主委植珊兄、林監委秋山兄、名教育家王廣亞兄、當代大家楚戈兄、吳隆榮兄、周澄兄及海外僑領陸鏘兄、黎元譽兄對本人多方鼓勵，其高情美意，令人感激，謹誌深謝。

泉謹誌

國家圖書館出版品預行編目資料

讀畫記 / 孔秋泉著. -- 初版. --臺北市：文史哲
民 91
面： 公分
ISBN 957-549-429-6(精裝)

1.中國畫－論文．講詞等　2.文化　政策

944.07　　　　91006387

讀　畫　記

著　者：孔　秋　泉
編校者：楊　正　雄
出版者：文　史　哲　出　版　社
登記證字號：行政院新聞局版臺業字五三三七號
發行人：彭　正　雄
發行所：文　史　哲　出　版　社
印刷者：文　史　哲　出　版　社
臺北市羅斯福路一段七十二巷四號
郵政劃撥帳號：○五一二八八一二
電話886-2-23511028．傳眞：886-2-23965656

精裝新臺幣二五○元

中華民國九十一年（2002）四月初版一刷

ISBN 957-549-429-6
行政院文化建設委員會贊助